La edad de los
**PORQUÉS**

# El cuerpo humano

Textos de
**Stéphanie Ledu**

ilustraciones de
**Benjamin Bécue
Ilaria Falorsi
Mélisande Luthringer
Julie Mercier**

**OCEANO** travesía

# Contenido

## Tú y los otros — 6

- La apariencia física — 8
- ¿Niña o niño? — 10
- En movimiento — 12
- Con los otros — 14
- Vamos a ver… — 16

## Estar vivo — 18

- Un nuevo bebé — 20
- Crecer y envejecer — 22
- Respirar — 24
- Comer — 26
- Beber — 27
- Dormir — 28
- Pensar y actuar — 30
- Vamos a ver… — 32

## Los cinco sentidos — 34

- Los ojos para ver — 36
- Los oídos para escuchar — 38
- La piel y el tacto — 40
- Una nariz para oler — 42
- Una boca para degustar — 44
- Vamos a ver… — 46

## Cuida tu cuerpo — 48

- ¡Bien limpio! — 50
- Las manos limpias — 52
- La actividad física — 54
- ¡A comer! — 56
- Dientes hermosos — 58
- El consultorio dental — 59
- Vamos a ver… — 60

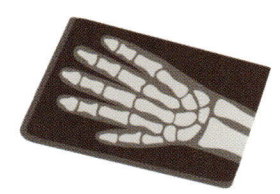

## La salud — 62

- Las pequeñas lesiones — 64
- El botiquín — 65
- Las señales del cuerpo — 66
- Las enfermedades comunes — 68
- En el consultorio — 70
- En el hospital — 72
- Las discapacidades motrices — 74
- Las discapacidades sensoriales — 76
- Las discapacidades mentales y físicas — 78
- Vamos a ver… — 80

## Recordemos

- Las partes del cuerpo — 82
- Los músculos — 84
- El esqueleto — 85
- Los órganos — 86
- El sistema circulatorio — 87
- Proteger nuestro cuerpo — 88
- Nadie tiene el derecho… — 89
- Índice — 90

escribir — Todos los nombres en este libro se presentan con artículo definido. Para ayudar al pequeño lector a aprender mejor la naturaleza de las palabras, los verbos y las acciones están dentro de un cuadro gris.

? — Para verificar los conocimientos adquiridos y permitir al lector autoevaluarse, al final de cada sección se presenta una doble página llamada "Vamos a ver…"

 — La sección "Recordemos", al final de la obra, es una recapitulación de la información más importante.

 Ab — Encuentra rápidamente la palabra que buscas con ayuda del índice al final de la obra.

En la parte inferior derecha de cada doble página se encuentran referencias a otras partes del libro que abordan temas complementarios. Así, es posible variar el orden de la lectura y relacionar mejor los conocimientos.

# Tú
## y los otros

# La apariencia física

Cada persona tiene particularidades que la hacen única.

la estatura

la complexión

pequeña — mediana — grande

robusto — delgado — flaco

los diferentes colores de piel

el color y el tipo de cabello

rubio / lacio — pelirrojo / ensortijado

castaño / rizado — oscuro / crespo

el color de los ojos

azules　　　verdes　　　cafés　　　negros

señas particulares

la marca de nacimiento

las pecas

el lunar

la cicatriz

el remolino

el bigote y la barba

# ¿Por qué nos parecemos a nuestros papás?

Cada niño es único: incluso los hermanos son diferentes; aunque estos últimos suelen tener un "aire de familia".

Cuando un hombre y una mujer hacen un bebé, cada uno le transmite sus características físicas: estatura, expresión del rostro...

Al principio es difícil saber a quién se parece más el bebé. Y tú, ¿en qué te pareces a tu mamá?, ¿y a tu papá?

¿Niña o niño? **10**
Un nuevo bebé **20**

# ¿Niña o niño?

El cuerpo de un niño y el de una niña son muy parecidos. Pero con una gran diferencia: ¡el sexo!

los niños

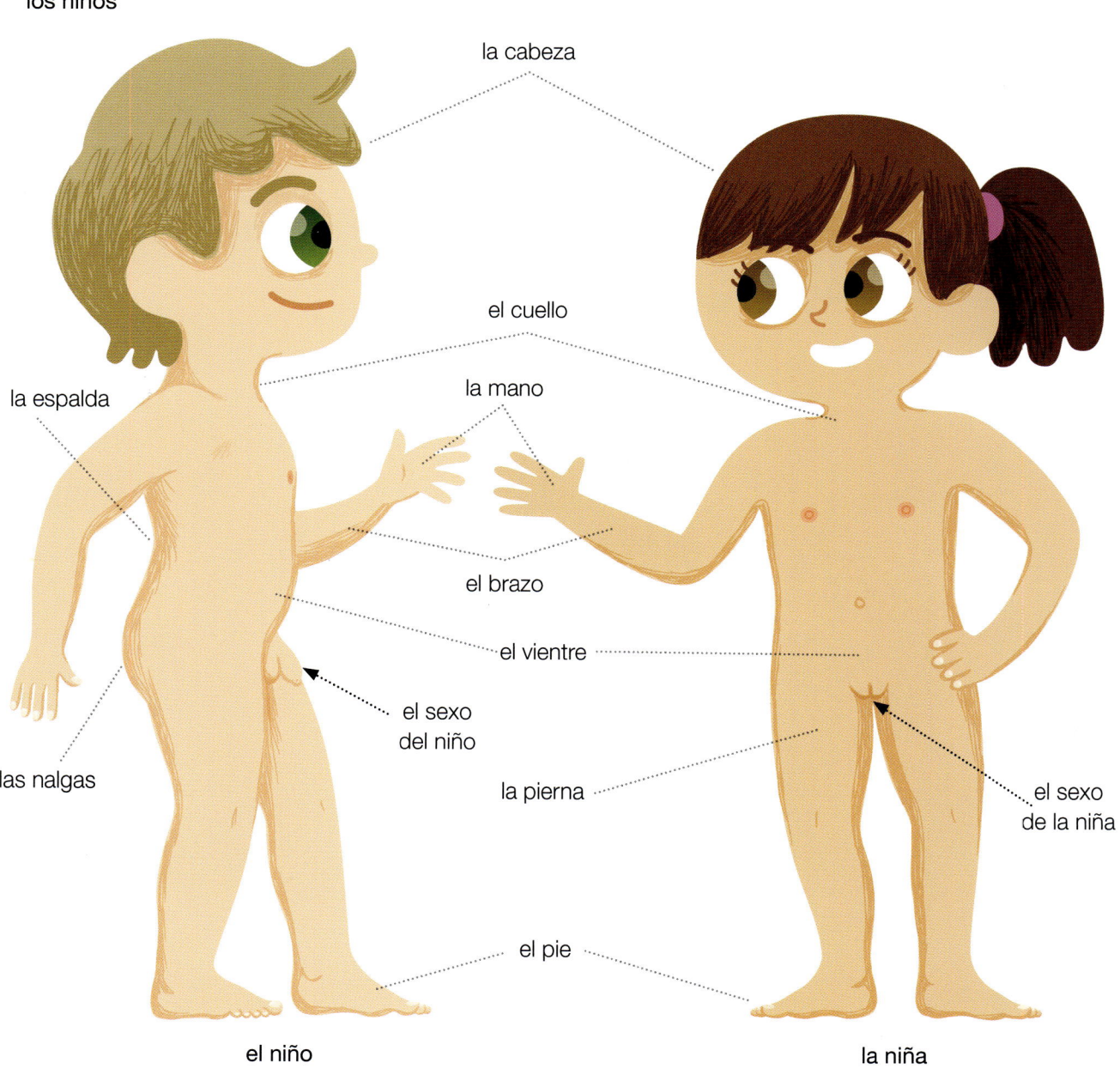

- la cabeza
- el cuello
- la mano
- la espalda
- el brazo
- el vientre
- el sexo del niño
- las nalgas
- la pierna
- el sexo de la niña
- el pie

el niño   la niña

los adultos

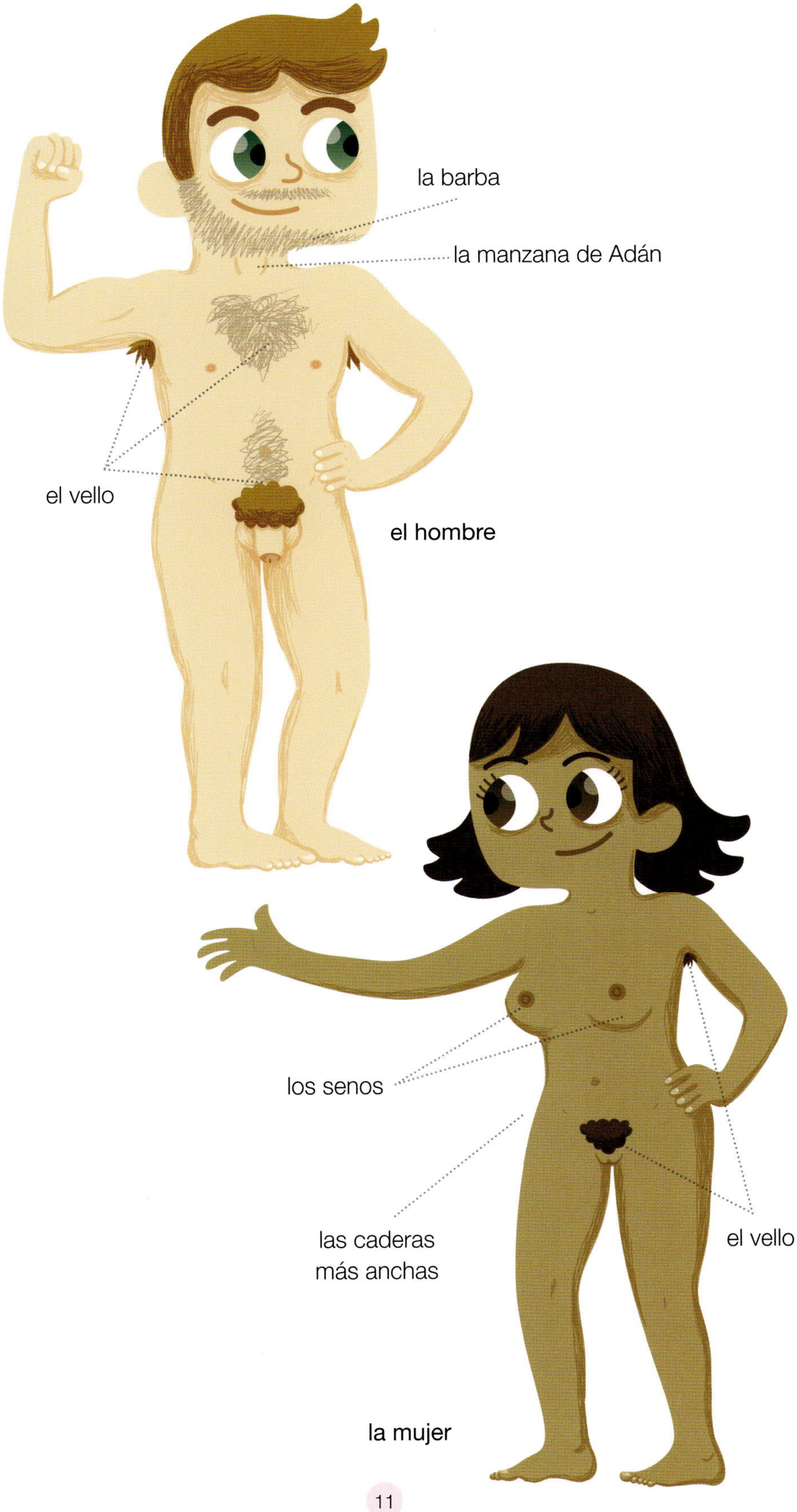

la barba
la manzana de Adán
el vello
el hombre

los senos
las caderas más anchas
el vello
la mujer

## ¿Por qué hay niñas y niños?

Para hacer un bebé se necesitan dos personas de diferente sexo: un hombre y una mujer.

¡Cada quien hace su parte! El hombre pone una especie de semilla en el vientre de la mujer. Entonces el bebé crece en el vientre de su mamá.

Cuando se espera un bebé, no se puede elegir tener una niña o un niño. ¡Es la suerte quien decide!

Un nuevo bebé **20**
Las partes del cuerpo **82**

# En movimiento

¡Durante todo el día, nos movemos! Nuestro cuerpo nos permite hacer muchos gestos y estar muy activos.

saltar
caer
soltar
bailar
sentarse
dibujar
lanzar
cerrar
llevar
tirar

# ¿De dónde toma el cuerpo su fuerza?

El cuerpo es como una fábrica que transforma los alimentos en energía. Es necesario comer para moverse y hacer esfuerzos.

Durante la digestión, los azúcares de los alimentos son recuperados y enviados a la sangre. Así, nuestro cuerpo obtiene combustible.

Pastas, pan, cereales, arroz, papas: ciertos alimentos, llamados "amiláceos", proporcionan mucha energía.

Pensar y actuar **30**
Los músculos **84**

## ¿Por qué necesitamos a los otros?

saludar
impacientarse
avergonzarse
enfadarse
enorgullecerse
felicitar
burlarse
molestarse
enamorarse
ser tímido
besar

Imagina que estás solo. Sin nadie con quien jugar o hablar, ¡te sentirías triste y aburrido!

Los otros nos prestan atención y nos dan amistad y amor. Nos ayudan y nos explican las cosas.

Gracias a ellos, crecemos y aprendemos a pensar. Los otros tienen también un poco de nosotros.

Pensar y actuar **30**
Nadie tiene el derecho… **89**

# Vamos a ver...

Describe a estos personajes y busca sus diferencias. ¿Tienen también rasgos en común?

¿Quién está enojado? ¿Quién luce tranquilo? ¿Quién está enamorado? ¿Has experimentado estos sentimientos?

¿Qué hacen estos personajes? ¿Te gustaría hacer lo mismo que ellos?

Observa estas dos escenas.
¿Qué hacen estos niños?
¿Puedes imaginar qué están diciendo?

  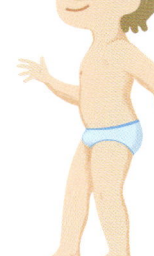

Cada persona es diferente.
¿Qué es lo que te distingue a ti?
¿Eres niño o niña?
¿Cuál es el color de tus ojos y cabello?
¿Usas anteojos?… ¡Intenta describirte!

# Estar vivo

# Un nuevo bebé

¡La llegada al mundo de un bebé es una gran aventura! Pasan 9 meses desde su concepción hasta el nacimiento.

hacer el amor

el primer mes

descubrir que esperan un bebé

tener náuseas

el tercer mes

la visita mensual al especialista

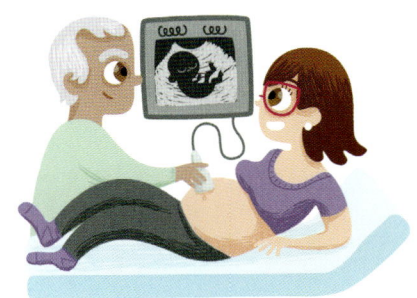
ver al feto con una ecografía

el sexto mes

ganas frecuentes de hacer pipí

la preparación para el parto

el noveno mes

ir al hospital

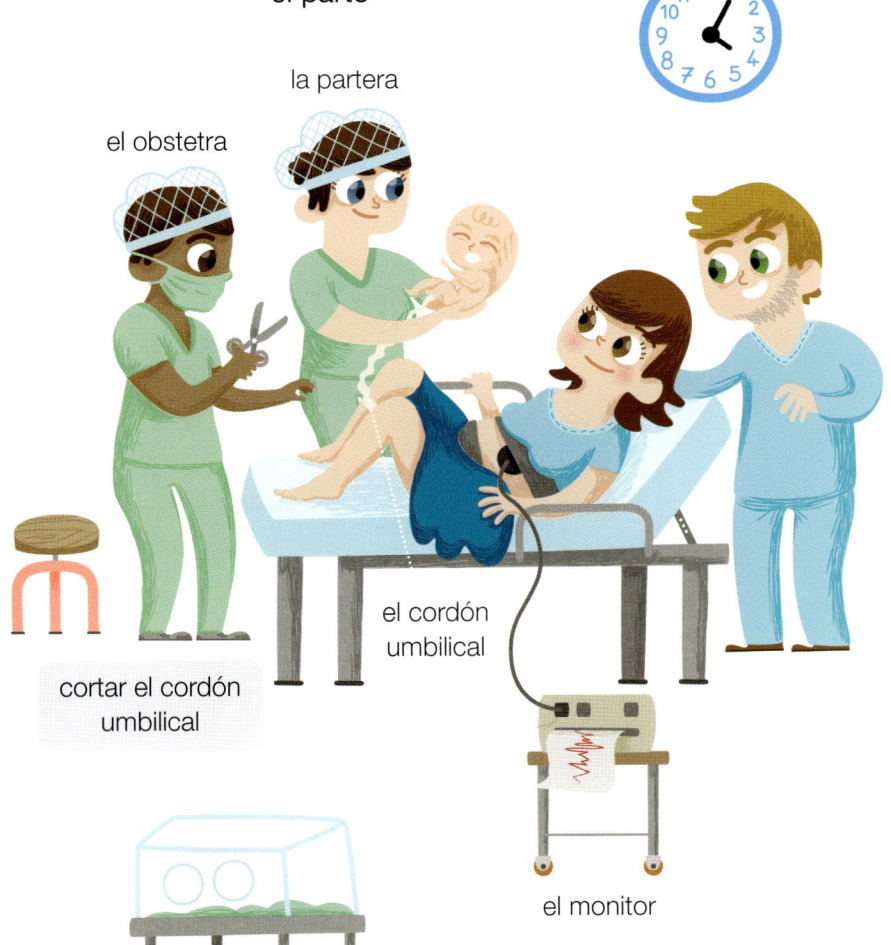
el parto
la partera
el obstetra
cortar el cordón umbilical
el cordón umbilical
el monitor
la incubadora

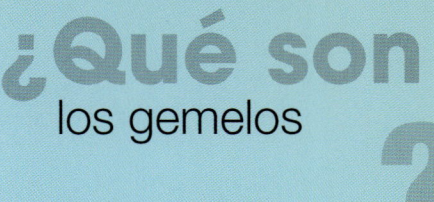
## ¿Qué son los gemelos?

Para hacer un bebé se necesita que un espermatozoide de papá entre al óvulo de mamá. Así surge un pequeño huevo.

Pero, a veces, la mujer fabrica dos óvulos, o el huevo se divide en dos. Y así hay dos bebés creciendo en su vientre.

Si hay tres bebés, se dice que son trillizos; si son cuatro, se habla de cuatrillizos. ¡Esto último es muy raro!

¿Niña o niño? **10**
Crecer y envejecer **22**

# 📖 Crecer y envejecer

A lo largo de su vida, el ser humano aprende cosas y cambia. Con el tiempo, casi todo el cuerpo se transforma.

la bebé · la niña · la adolescente · la adulta

el bebé · el niño · el adolescente · el adulto

la adulta mayor

la anciana

el adulto mayor     el anciano

## ¿Qué es la muerte?

Las plantas, los árboles, los animales, los humanos... todo lo que vive, dejará de existir algún día.

Cuando una persona muere, su cuerpo deja de funcionar: su corazón se detiene, su sangre no circula más, ya no se mueve...

Cuando alguien muere los demás se ponen tristes. Pero el que se va sigue viviendo en el corazón de quienes lo conocieron.

¿Niña o niño? **10**
Un nuevo bebé **20**

# 🫁 Respirar

Para funcionar, nuestro cuerpo necesita oxígeno, un gas que se encuentra en el aire. ¡Por eso todo el tiempo estamos respirando!

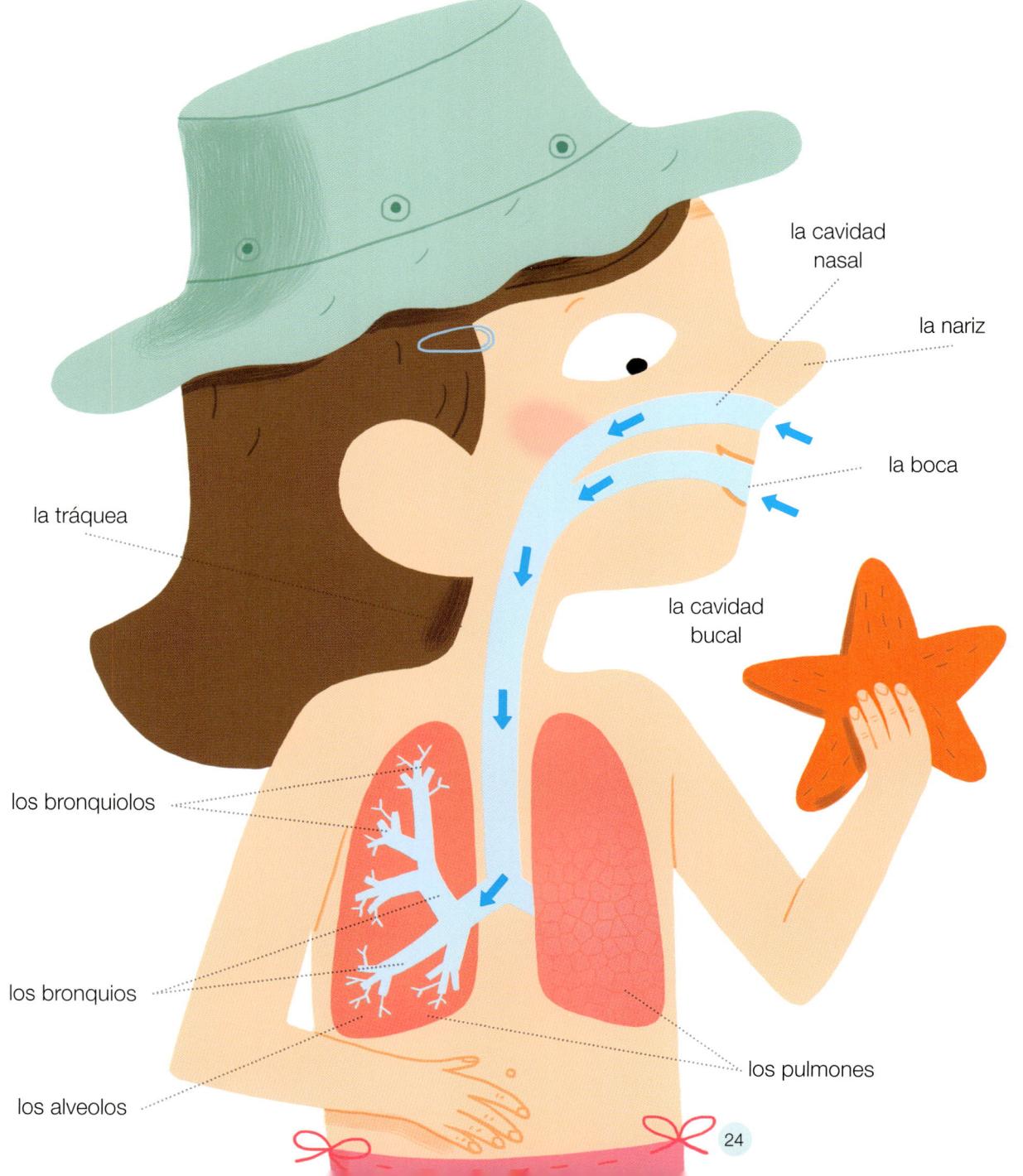

- la cavidad nasal
- la nariz
- la boca
- la tráquea
- la cavidad bucal
- los bronquiolos
- los bronquios
- los pulmones
- los alveolos

## las diferentes respiraciones

estar sin aliento

contener la respiración

respirar por la boca debido a un resfriado

respirar a todo pulmón

soplar fuerte

respirar tranquilamente para relajarse

# ¿Para qué sirve la respiración?

Cuando inspiras, tus pulmones se llenan de aire. Su oxígeno llega a tu sangre a través de pequeños sacos llamado alveolos.

Cuando espiras, tus pulmones se desinflan. Entonces sale de tu cuerpo el aire cargado de un desecho llamado gas carbónico.

Respirar es tan importante que lo haces sin pensar, incluso cuando duermes. ¡Es automático!

La actividad física **54**
Los órganos **86**

# 🍏 Comer

Los alimentos que comes siguen un largo trayecto a través de tu cuerpo. Para transformarse en energía, deben ser digeridos.

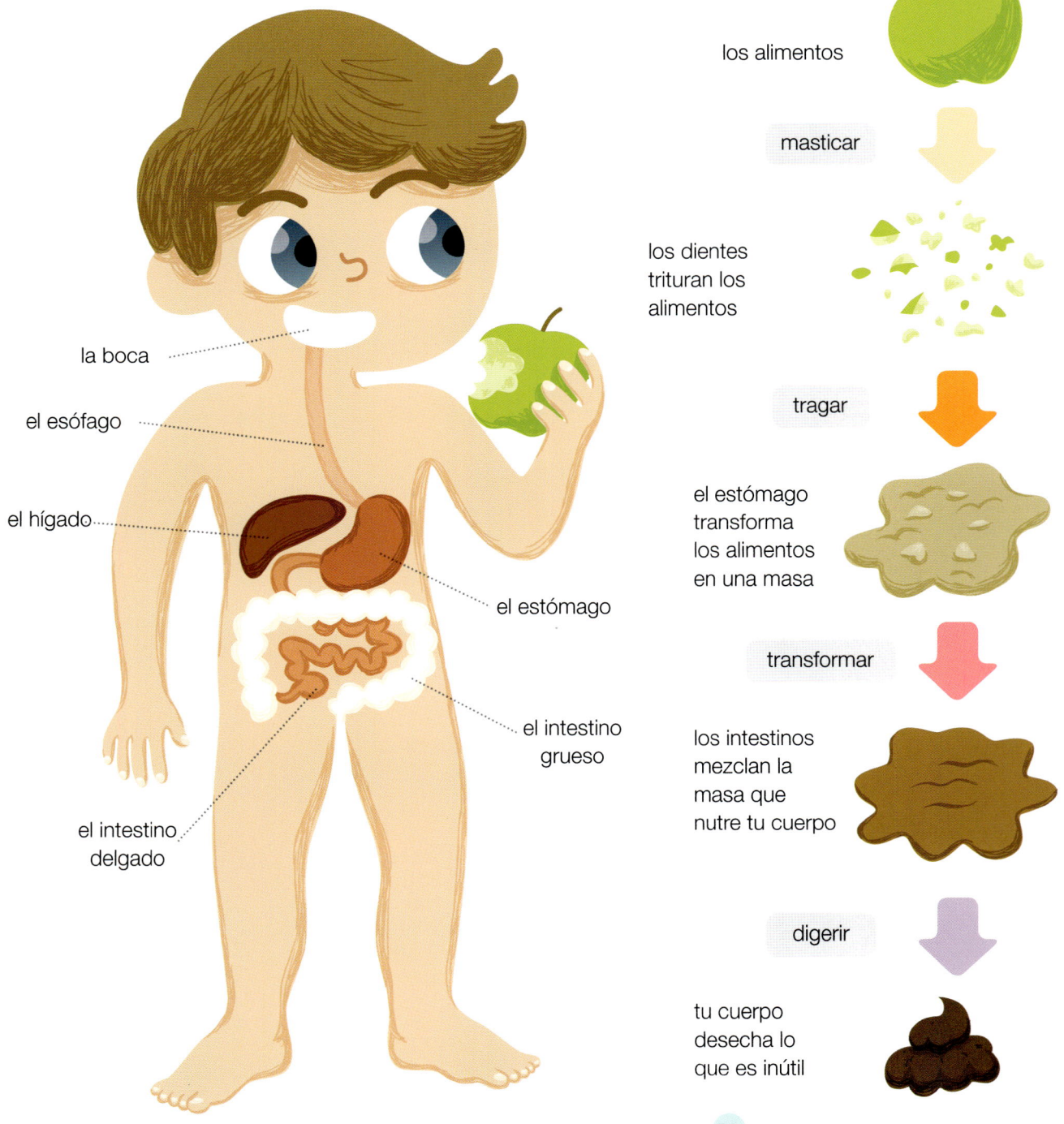

- la boca
- el esófago
- el hígado
- el estómago
- el intestino grueso
- el intestino delgado

los alimentos

masticar

los dientes trituran los alimentos

tragar

el estómago transforma los alimentos en una masa

transformar

los intestinos mezclan la masa que nutre tu cuerpo

digerir

tu cuerpo desecha lo que es inútil

# Beber

Nuestro cuerpo contiene mucha agua. Pero, cada día, perdemos una parte. ¡Es necesario reemplazarla!

la respiración

la orina

la transpiración

perder agua

el agua de los alimentos

las bebidas

reponer las reservas

## ¿Por qué hacemos pipí?

Nuestros riñones parecen dos grandes habas. Ambos tienen una función muy importante: limpiar nuestro cuerpo de sus desechos.

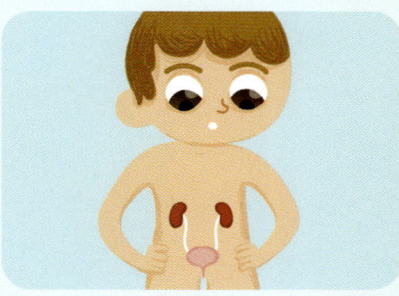

Los riñones también eliminan el exceso de agua del cuerpo. Esta agua y los residuos mezclados forman la orina, que tú llamas pipí.

La orina permanece en una bolsa, la vejiga. Cuando ésta se llena, nos dan ganas de ir a vaciarla al baño.

¡A comer! **56**
Las señales del cuerpo **66**

# 🌙 Dormir

Al oscurecer, uno se va a la cama para dormir toda la noche, antes de comenzar una nueva jornada.

## los momentos de la noche

sentir que se cierran los ojos

bostezar

dormir profundamente

soñar

moverse en sueños

tener pesadillas

## ¿Por qué es necesario dormir?

Durante el día vives una gran cantidad de cosas que requieren de tu atención, memoria y energía.

En la noche, el cerebro y los músculos están muy cansados. ¡Rápido, a la cama! Dormir te permitirá descansar.

El sueño es muy importante para los niños. Debes dormir lo suficiente para estar en forma, pero también para crecer.

Pensar y actuar **30**

# Pensar y actuar

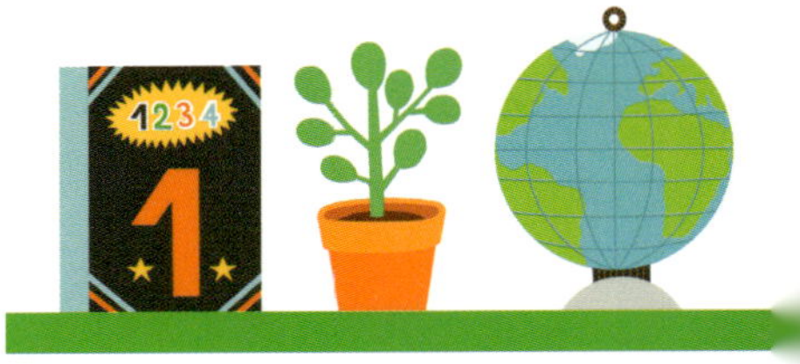
1234
1
ABCD
A

Dentro de nuestra cabeza se encuentra el cerebro, el cual envía mensajes al cuerpo y le permite hacer muchas cosas.

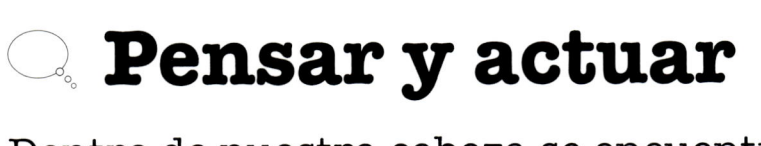

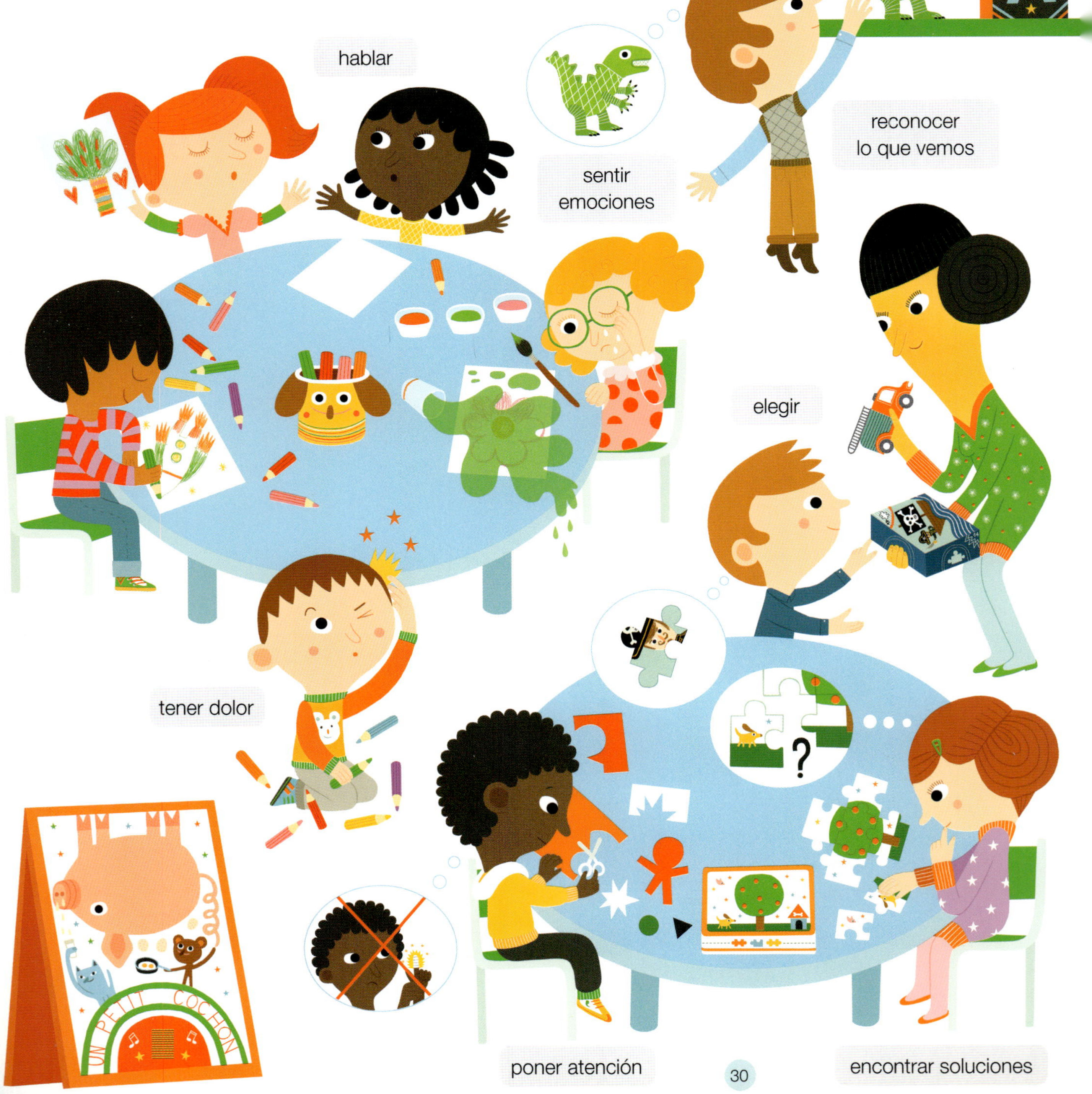
hablar
sentir emociones
reconocer lo que vemos
elegir
tener dolor
UN PETIT COCHON
poner atención
encontrar soluciones

guardar el equilibrio

reconocer sonidos

moverse

imaginar

aprender

tener memoria

## ¿Se detiene el cerebro cuando dormimos?

Durante el día tu cerebro trabaja mucho. Te permite pensar, hablar, pero también ver y respirar.

Es por eso que, afortunadamente, nunca se detiene. Durante el sueño, por ejemplo, clasifica los sucesos del día anterior.

¿Conoces la expresión "consultar con la almohada"? Significa que, a veces, dormir ayuda al cerebro a reflexionar y a encontrar soluciones nuevas.

Las discapacidades mentales y físicas **78**
Los órganos **86**

# Vamos a ver...

Primero somos bebés, luego niños, adultos, adultos mayores y ancianos...
Con tu dedo, señala estas etapas en orden.

¿Con qué sueña la niña?
¿A qué le tiene miedo en su sueño?

Entre estos objetos, ¿cuáles le ayudan a los niños a dormir?

los juguetes

la lámpara nocturna

el vaso

el libro de cuentos

el peluche

el cactus

¿En qué piensan estos niños? Relaciona a cada uno con su pensamiento.

¿Alguien en tu familia o en la de algún compañero está esperando un bebé?

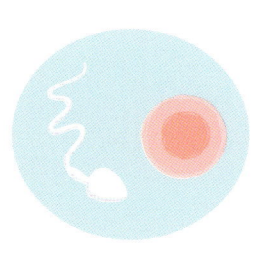  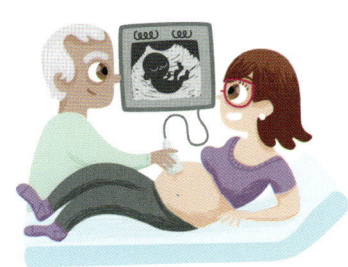

¿Has visto alguna vez en una ecografía la imagen del bebé en el vientre de su mamá?
¿Has ido al hospital a visitar a un recién nacido?
¿Cuáles son tus nombres favoritos para los bebés?

# Los cinco sentidos

# Los ojos para ver

Nuestros ojos hacen infinidad de cosas: reciben la luz, reconocen los colores, las formas y los movimientos de los objetos de nuestro alrededor.

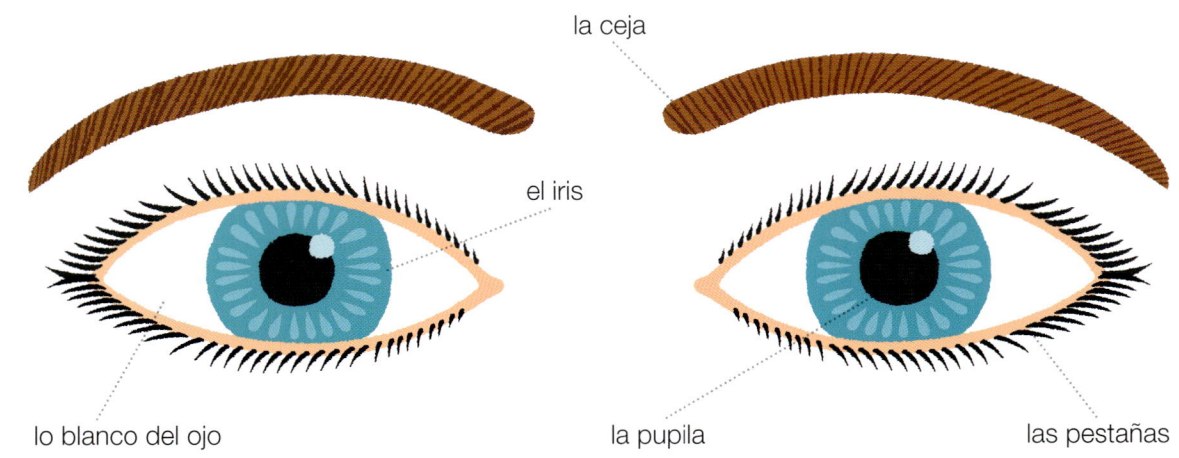

la ceja
el iris
lo blanco del ojo
la pupila
las pestañas

cuidar los ojos

usar gafas de sol

no arrojar arena

no jugar con objetos puntiagudos

el consultorio oftalmológico

tabla ocular

## ¿Cómo atienden tus ojos cuando algo está mal?

anteojos de medición

los lentes

el paciente    el oftalmólogo

la óptica

elegir un armazón

los anteojos

la oculista    hacer pruebas

Algunos niños tienen un ojo "débil". Para forzarlo a trabajar, se cubre el ojo que funciona bien.

Este niño es estrábico. Sus ojos no miran en la misma dirección. Esto se cura con unos anteojos o con una operación.

La miopía es muy común: los objetos lejanos se ven borrosos. Para corregir este defecto se usan anteojos.

# Los oídos para escuchar

Los sonidos que te rodean vibran dentro de tus oídos. Pueden ser fuertes, débiles, agudos, graves, melodiosos o incluso molestos.

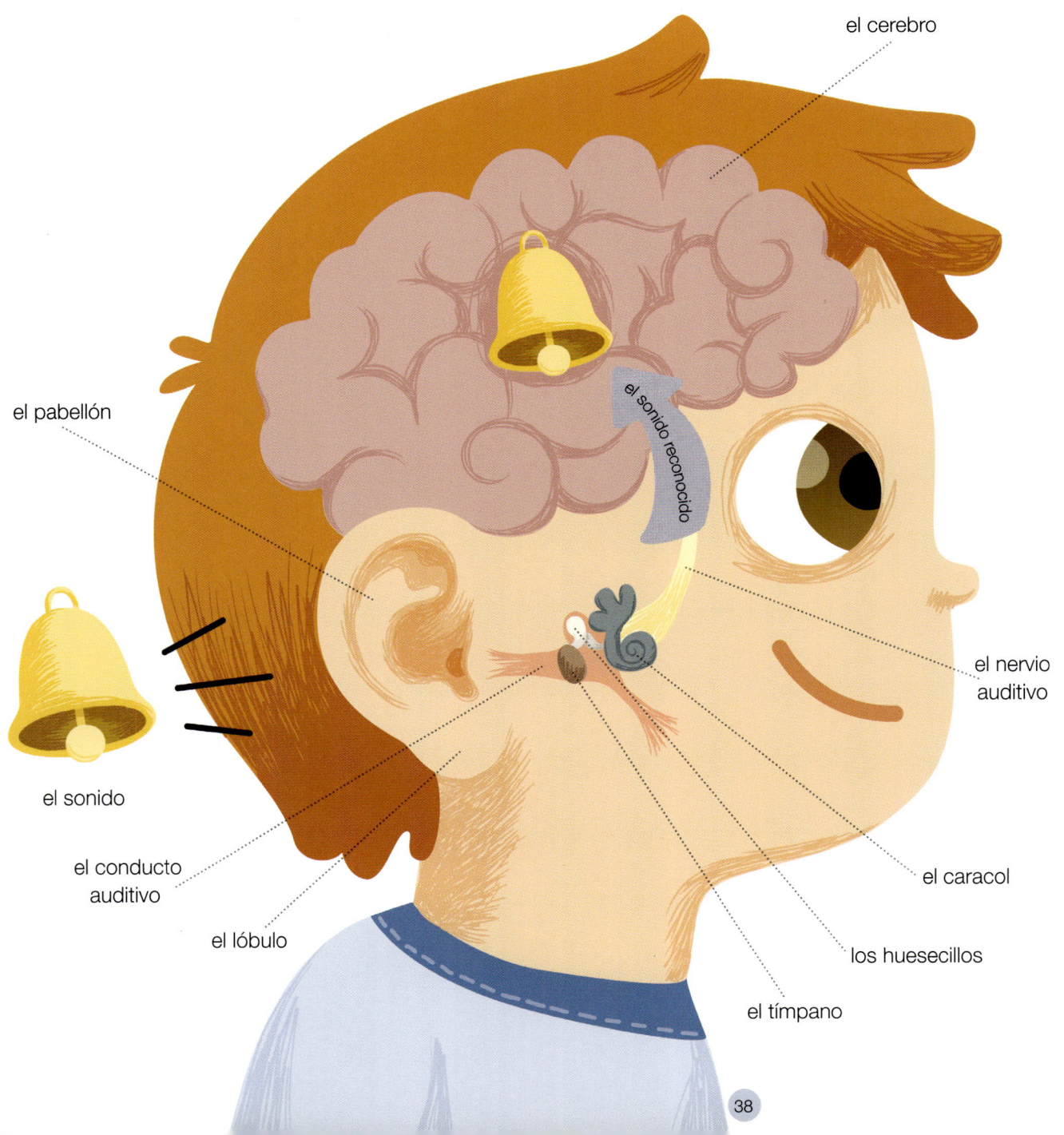

## los sonidos agudos

 el llanto de un niño

 el triángulo

 el chillido de un ratón

## los sonidos graves

 la sirena de un barco

 la voz masculina

 el contrabajo

## los sonidos agradables

 el ronroneo de un gato

 el ruido de las olas

 la voz de los pájaros

## los sonidos desagradables

 el claxon

 el martillo neumático

 el rechinido

---

# ¿Por qué no debemos oír la música muy fuerte?

Si escuchas el radio, la televisión o la música muy fuerte, puedes molestar a los demás. ¡El sonido se convierte en ruido!

También es peligroso para ti. Cada vez que oyes un sonido demasiado fuerte, afectas tus oídos.

Es necesario corregir este mal hábito para evitar que, poco a poco y sin darte cuenta, te quedes sordo.

Las discapacidades sensoriales 76

# La piel y el tacto

Bajo la piel se encuentran pequeños receptores que permiten sentir lo que tocamos. Es en la punta de los dedos donde hay más de ellos.

## las zonas más sensibles del cuerpo

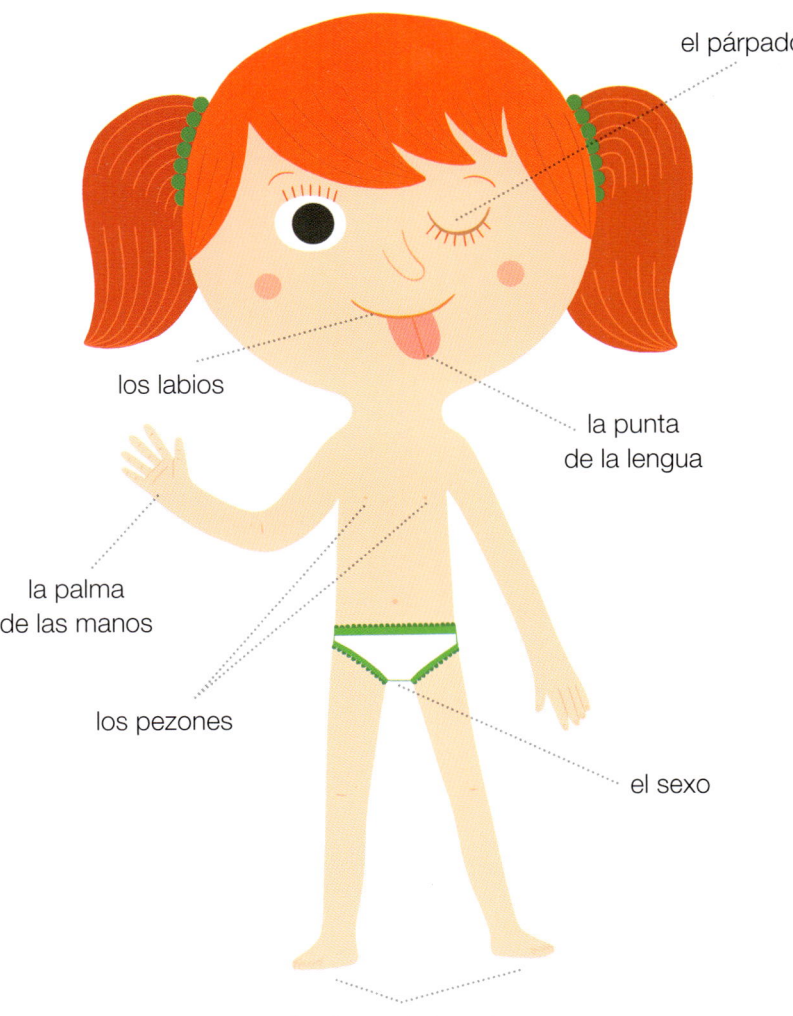

- el párpado
- los labios
- la punta de la lengua
- la palma de las manos
- los pezones
- el sexo
- la planta de los pies

## acercamiento a la piel

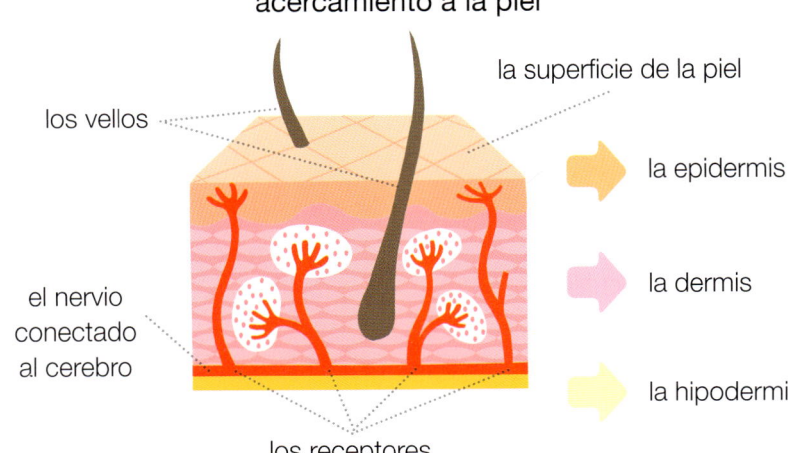

- los vellos
- la superficie de la piel
- la epidermis
- la dermis
- la hipodermis
- el nervio conectado al cerebro
- los receptores

# ¿Por qué se eriza la piel?

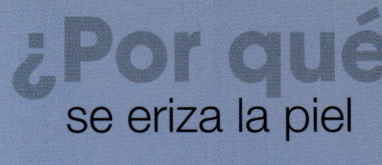

Sopla un vientecillo fresco… ¡Brrr! Tus receptores sensibles al frío sienten el cambio de temperatura y reaccionan.

Entonces el cerebro da la orden al músculo que se encuentra en la base de cada vello de levantarlos. A eso se le conoce como "piel de gallina".

El conjunto de vellos erizados crea una capa de aire destinada a conservar el calor de tu cuerpo, como un suéter.

Las discapacidades sensoriales **76**
Las partes del cuerpo **82**

# Una nariz para oler

Captamos los olores gracias a nuestra nariz. Somos capaces de reconocer miles de ellos, algunos no muy agradables.

- el cerebro
- el nervio olfativo
- los cilios olfatorios
- la cavidad nasal
- las fosas nasales
- las partículas odoríferas
- el olor reconocido
- el perfume

## los olores agradables

la rosa · el pan caliente · la ropa limpia

## los olores desagradables

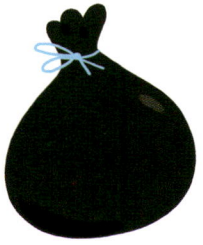  

la basura · el excremento · los calcetines sucios

## los olores que pican

la mostaza · la cebolla · la pimienta

## los olores tóxicos

el gas del escape · el cigarro · los productos de limpieza

# ¿Por qué se pierde el gusto con la nariz tapada?

La cavidad nasal y el fondo de la garganta están conectados. ¡Cuando masticas un alimento, los sabores suben también por la nariz!

Pero al taparnos la nariz impedimos que los sabores circulen, y no apreciamos igual el gusto de lo que comemos.

Cuando estás resfriado ocurre lo mismo. Pierdes el gusto de los alimentos. Es muy molesto, pero lo recuperas cuando te curas.

Una boca para degustar 44

# 😋 Una boca para degustar

Probamos los alimentos a través de la lengua.
Pero es el olor que sube hasta la nariz
lo que nos permite reconocerlos.

# ¿Por qué tus padres dicen que debes probar de todo?

Frutas, verduras, cereales, carne, pescado... Hay una infinidad de alimentos y recetas de cocina. ¡Cuántos sabores!

dulce          salado          ácido

Comer es un placer. Para saber si un platillo te gusta un poco, mucho... o nada, ¡primero debes probarlo!

amargo          picante          caliente

Los gustos cambian con la edad. Un alimento que hoy te desagrada puede gustarte después. ¡No dudes en probar platillos nuevos!

insípido          fresco          empalagoso

Comer **26**
Una nariz para oler **42**

# Vamos a ver...

¿Qué hacen estos niños? ¿Cuál de sus sentidos están usando?

Observa esta imagen. Con tu dedo señala lo que pica, lo que es frío y lo que se siente mojado.

Entre estos olores, ¿cuáles son los que te agradan?
¿Qué otros olores te gustan mucho?

la cebolla     el excremento de perro     el pan caliente     el cigarro     la rosa

Aquí hay algunos alimentos que sin duda conoces.
¿Puedes señalar los que son salados? Señala también los alimentos dulces.

la pasta     la manzana     el queso     los pescados y mariscos

el pastel     el pollo     el yogur de frutas

 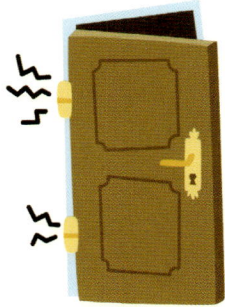

Puedes reconocer muchos objetos
o situaciones por su ruido característico.
Sin duda, hay numerosos sonidos
que identificas de inmediato: ¿cuáles son?
¿Son agradables? ¿Inquietantes?

# Cuida tu cuerpo

# ¡Bien limpio!

Todos los días te ensucias, sudas... Para quitar las impurezas, ¡es necesario bañarse!

el toallero

la regadera

el gel de baño

tallar el cuerpo

la toalla

el tapete de baño

secarse

el cesto de la ropa sucia

## ¿Qué pasa si no nos bañamos?

A veces no tienes ganas de bañarte. Sin embargo, la suciedad se impregna en tu cuerpo y tu cabello durante el día.

Si no te bañas, tu cabello se pone grasoso. La capa de suciedad sobre tu cuerpo termina por hacerte sentir mal.

Al bañarte eliminas también los microbios, los cuales pueden provocar enfermedades. ¿No es más agradable sentirse bien?

Las manos limpias **52**
El consultorio dental **59**

# 🧼 Las manos limpias

Algunos objetos que tocamos no están muy limpios. Por eso hay que lavarse las manos a menudo.

mojarse las manos
y las muñecas

**Lavarse bien las manos**

enjabonarse las manos
y entre los dedos

enjuagarse bien

secarse bien

## ¿Por qué hay que cortarse las uñas?

Tus padres te cortan las uñas con regularidad. Eso no hace mal y te ayuda a tenerlas limpias.

A los microbios y los virus, que provocan enfermedades, les encanta esconderse en los pequeños espacios, por ejemplo bajo las uñas.

Entonces, cuando te laves las manos o cuando tomes un baño, no olvides limpiártelas con un cepillo para uñas.

¡Bien limpio! **50**
Las enfermedades comunes **68**

# La actividad física

Jugar al aire libre, moverse, hacer deporte, es divertido. ¡Pero también es bueno para el cuerpo y la mente!

## ¿Por qué el corazón se acelera cuando nos ejercitamos?

superar los miedos

aprender a flotar

jugar en equipo

estar orgulloso de ganar

estirar los músculos

practicar la flexibilidad

Nuestros músculos utilizan un gas transportado por la sangre: el oxígeno. El corazón bombea la sangre para enviarla a todo el cuerpo.

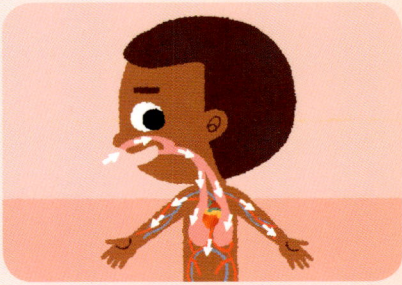

Mientras más se mueven nuestros músculos, más oxígeno necesitan: la sangre debe circular a mayor velocidad y el corazón late más rápido.

El corazón es un músculo y, como los demás, debe ejercitarse para funcionar mejor. El deporte es bueno para él.

Las señales del cuerpo 66
El sistema circulatorio 87

# ¡A comer!

Para crecer y mantenerse saludable, es necesario alimentarse correctamente. ¡Es fácil! A continuación algunas reglas.

comer un desayuno completo

almorzar alimentos variados

tomar un bocadillo equilibrado

comer una buena cena

beber agua en lugar de refrescos

no consumir antojos entre comidas

## son buenos para ti

- las frutas
- el agua
- los productos lácteos
- las verduras
- el pan
- los pescados y mariscos
- las carnes
- los huevos
- los cereales
- las pastas

## se pueden comer pero no en exceso

- los refrescos
- las papas fritas
- las galletas
- los helados
- las frituras
- los caramelos y chocolates

# ¿Qué significa ser alérgico?

Cuando nuestro cuerpo entra en contacto con algo nuevo, lo analiza. ¿Es seguro para él?

A veces, el sistema de defensas del cuerpo se equivoca. Reacciona como si un alimento fuera su enemigo: eso es la alergia.

¿Alérgico a los huevos, a la leche, al kiwi? ¡Prohibición absoluta de comer esos alimentos, ya que pueden ser malos para la salud!

Comer 26
Beber 27

# Dientes hermosos

Tener una bonita sonrisa es agradable. Y tener dientes te permite masticar bien y, por lo tanto, digerir bien los alimentos.

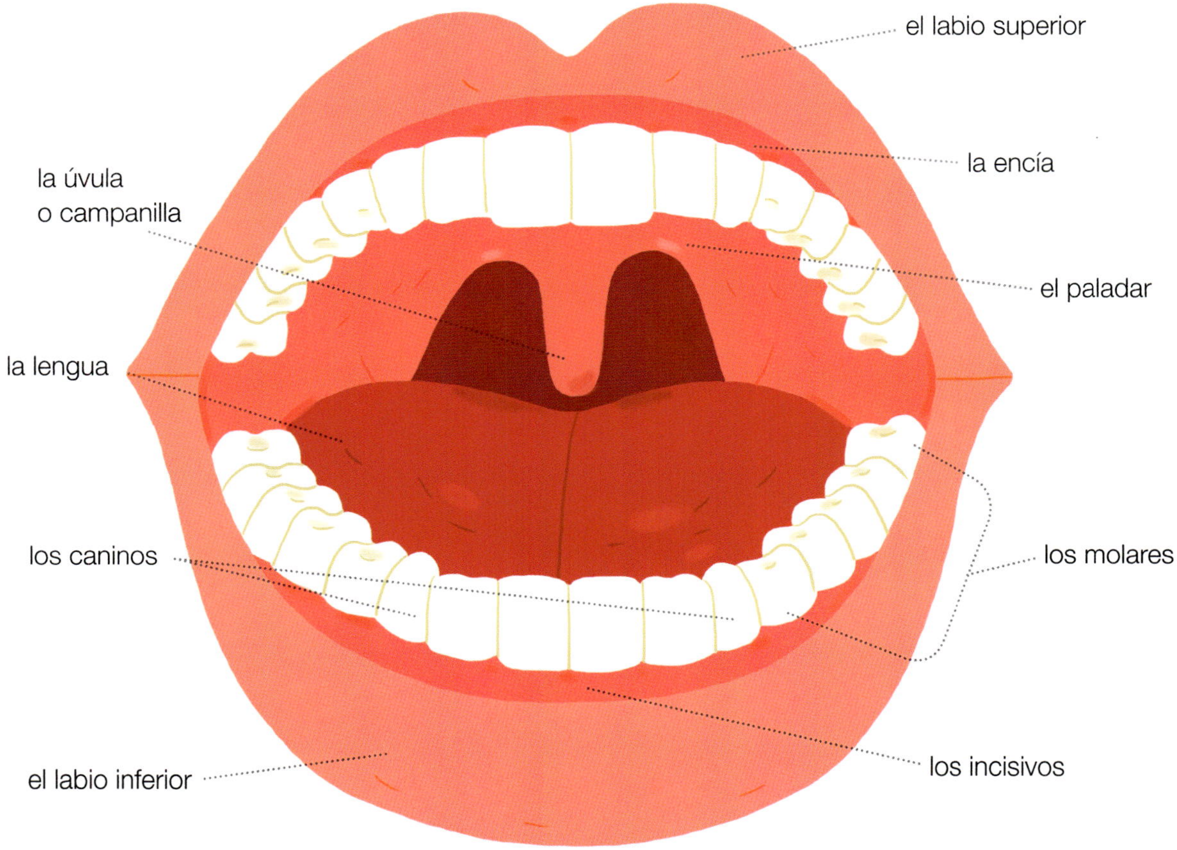

- el labio superior
- la encía
- el paladar
- los molares
- los incisivos
- el labio inferior
- los caninos
- la lengua
- la úvula o campanilla

los dientes de los niños

los primeros dientes de leche

la pérdida de los dientes de leche

los brackets o frenos

# El consultorio dental

El dentista examina y cura los dientes. Es necesario visitarlo con regularidad.

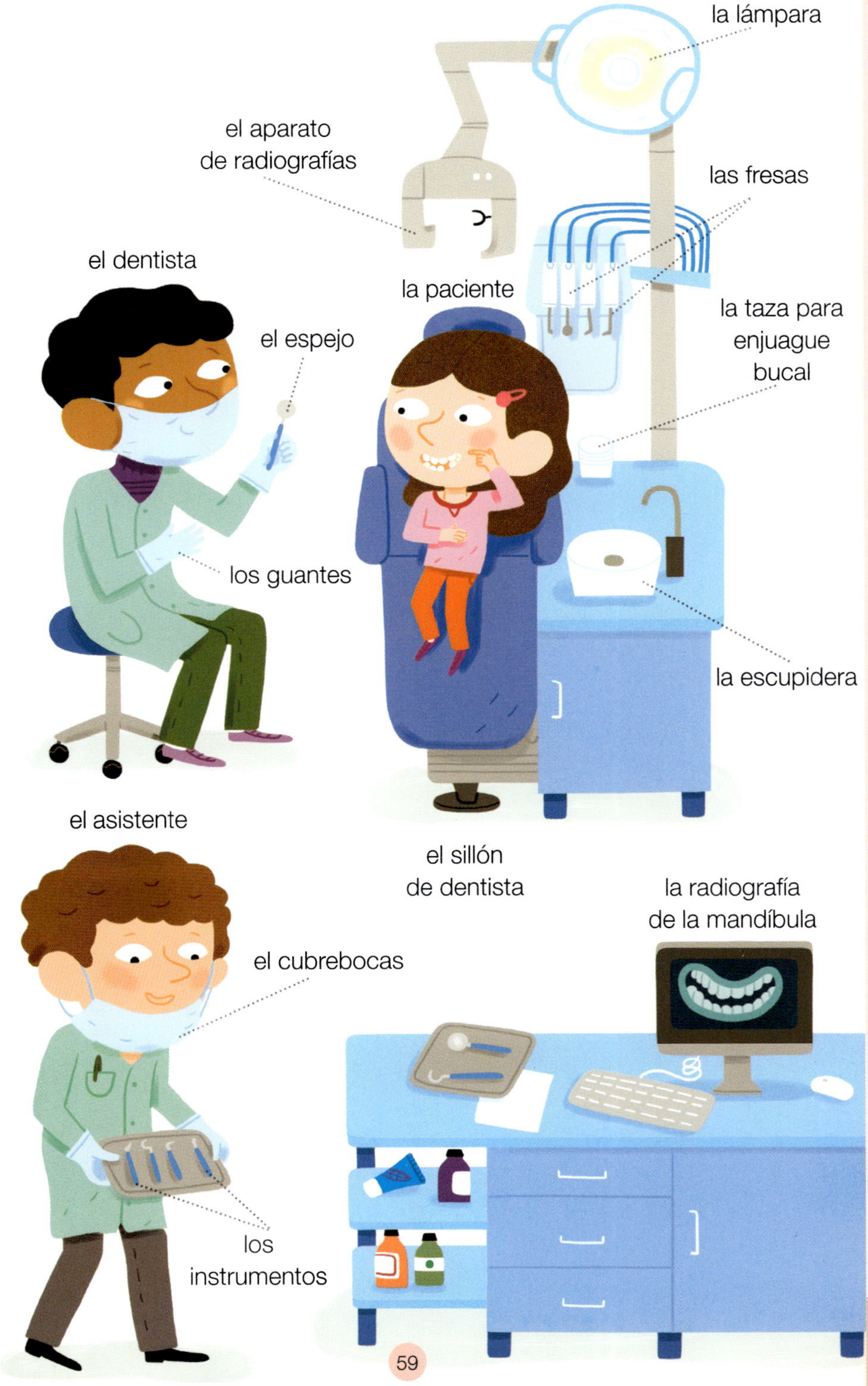

- la lámpara
- el aparato de radiografías
- las fresas
- el dentista
- la paciente
- el espejo
- la taza para enjuague bucal
- los guantes
- la escupidera
- el asistente
- el sillón de dentista
- la radiografía de la mandíbula
- el cubrebocas
- los instrumentos

## ¿Qué es una caries?

Cuando comemos, una pequeña capa de suciedad se queda en los dientes. Si no nos cepillamos, esta placa daña los dientes.

La placa se pega al esmalte, que es el material que cubre el diente. Al acumularse, termina haciendo un hoyo: una caries.
¡Ay, duele!

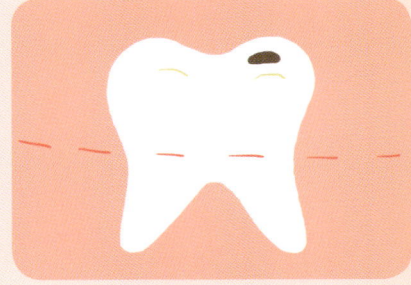

El dentista cura las caries. ¡Pero también te puede enseñar a cepillarte correctamente los dientes para evitarlas!

Comer **26**
¡Bien limpio! **50**

# Vamos a ver...

¿Qué alimentos prefieres? ¿Sabes cuáles no debes comer con demasiada frecuencia?

las frutas     los refrescos     los quesos     los caramelos y los chocolates     las carnes

¿Qué necesitas para lavarte los dientes? ¿Y para tomar un baño?

  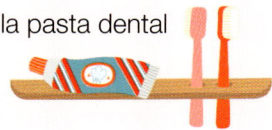 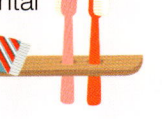 

el jabón     el balón     la pasta dental     los cepillos dentales     el bote de basura

el peine     la báscula     los hisopos

Ayuda a esta niña a lavarse las manos colocando las imágenes en orden.

Éste es un consultorio de dentista muy curioso.
Hay tres anomalías en el dibujo.
¿Puedes encontrarlas?

¿Practicas algún deporte? ¿Cuál?
¿Prefieres las actividades físicas
que se practican individualmente o en grupo?
¿Bajo techo o al aire libre?

# La salud

# Las pequeñas lesiones

A menudo nos lastimamos. No siempre es grave, pero es necesario atenderse.

 la cortada

 el raspón

 la espina en el dedo

 el arañazo

 el cabezazo

 el moretón

 el sangrado de la nariz

 la ampolla

 la picadura de insecto

 la picadura de hortiga

 la quemadura leve

 el polvo en el ojo

# 🩹 El botiquín

En casa o para un viaje, el botiquín contiene lo esencial para intervenir en caso de pequeñas lesiones.

- el jabón antiséptico
- la pomada 
- la curita 
- las pinzas 
- las gasas desinfectantes
- el algodón 
- las tijeras 
- el termómetro
- el suero fisiológico 
- la cinta adhesiva
- la venda 
- los guantes 
- las compresas 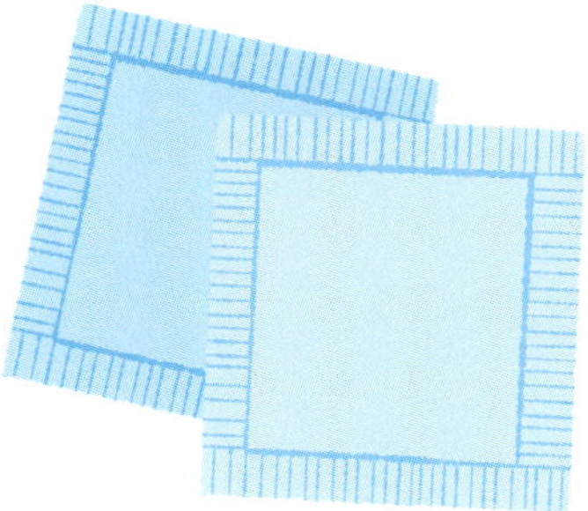

## ¿Cómo atender las pequeñas lesiones?

Si te lesionas, avísale a un adulto. Él hará lo necesario para aliviar el dolor y hacer que sanes más rápido.

Para que una herida no se infecte hay que limpiarla. A continuación, se pone una venda que sirva de barrera contra los microbios.

Cuando alguien se encuentra mal, llora. Después de atender la lesión, hay que consolar a la persona con una caricia. ¡Ayuda a sentirse mejor!

En el consultorio **70**
En el hospital **72**

# 🧻 Las señales del cuerpo

A veces nuestro cuerpo nos juega bromas: produce ruidos, olores, pequeños dolores... ¡Todo tiene una razón!

tragar burbujas de aire ➡ eructar

respirar mal durante un ejercicio ➡ sentir una punzada

aspirar polvo ➡ estornudar

comer mucho o muy rápido ➡ tener hipo

# ¿Por qué vomitamos?

comer alimentos que producen gases en el intestino

expulsar una flatulencia

adoptar una posición que corta la circulación de la sangre

sentir un hormigueo

sentir que un músculo se contractura violentamente

tener un calambre

---

Comiste algo que no digieres, padeces una enfermedad llamada gastroenteritis... Consecuencia: sientes náuseas.

El centro del vómito, situado en el cerebro, envía una orden a tu estómago: ¡devolver el alimento mediante contracciones!

Uno no decide si vomita o no. No es una experiencia agradable, pero muchas veces nos sentimos mejor después de hacerlo.

Comer **26**
La actividad física **54**

# Las enfermedades comunes

Los virus y las bacterias son minúsculos seres vivientes que pueden provocar enfermedades. ¡Cuidado, algunas de ellas son contagiosas!

**la otitis**
tienes un fuerte
dolor en el oído

**la varicela**
te salen pequeños granos rojos
que dan comezón

**las anginas**
tienes fiebre
y te duele la garganta

**la gastroenteritis**
sufres dolor de estómago,
ganas de vomitar y diarrea

**la escarlatina**
tienes dolor de garganta,
mucha fiebre y manchas rojas

**el resfriado**
tienes la nariz congestionada,
dolor de garganta,
estornudas y toses

**la bronquitis**
se te dificulta respirar, te duele
el pecho, toses y estás cansado

**la gripe**
sufres de fiebre, dolor de cabeza,
dolor en el cuerpo y estás cansado

## ¿Qué es la fiebre?

Para protegerse de los microbios (virus y bacterias) nuestro cuerpo posee barreras: la piel, la saliva, los vellos de la nariz...

Si a pesar de éstas los microbios logran pasar, los glóbulos blancos de la sangre los destruyen. Pero, a veces, algunos se escapan.

Normalmente la temperatura de tu cuerpo es de 37 °C, pero se eleva si fabrica más glóbulos blancos para defenderse: eso es la fiebre.

utilizar pañuelos de papel y tirarlos

poner la mano sobre la boca al toser y estornudar

Para no contagiar a los demás

lavarse las manos con frecuencia

no beber del mismo vaso

no dar besos

En el consultorio

# 🩺 En el consultorio

El médico examina a los enfermos, les hace preguntas, les toma muestras de sangre... para saber qué padecen y curarlos.

la sala de espera
las revistas
los juguetes

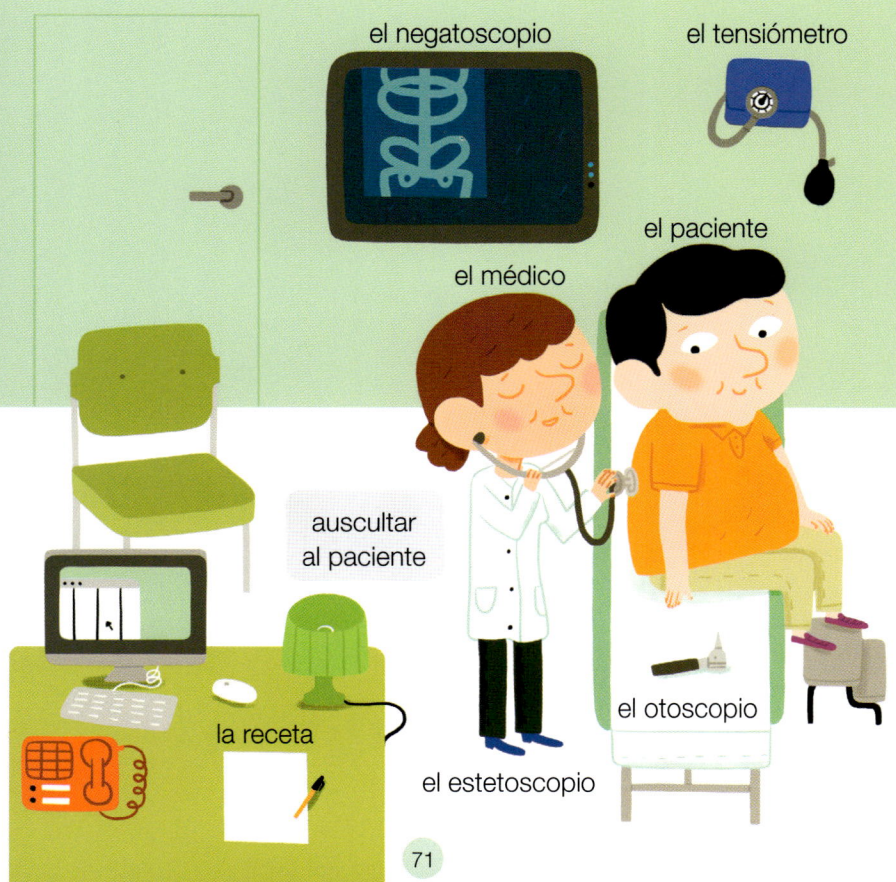

el negatoscopio
el tensiómetro
el paciente
el médico
auscultar al paciente
la receta
el otoscopio
el estetoscopio

# ¿Qué es un pediatra?

Entre los doctores hay especialistas. El oftalmólogo atiende los ojos, el dermatólogo los problemas de la piel.

El pediatra es el especialista en niños. Se ocupa de la salud de sus jóvenes pacientes desde su nacimiento hasta los 18 años.

Atiende sus enfermedades. Pero también supervisa su crecimiento, su alimentación, los vacuna...

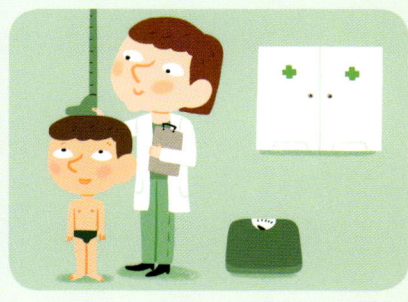

Las enfermedades comunes **68**
En el hospital **72**

# En el hospital

Cuando se sufre un accidente o cuando se requiere cirugía, es necesario ir al hospital. ¡También es allí donde nacen los bebés!

el enfermero
la ambulancia
la camilla

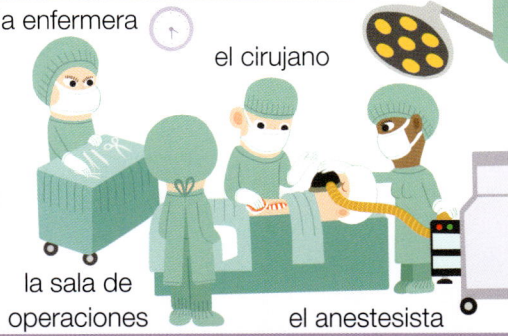
la internista
el carrito de medicinas
la enfermera
el cirujano
la sala de operaciones
el anestesista

**la sala de urgencias**  **la sala de operaciones**

el yeso
le mesa de exploración

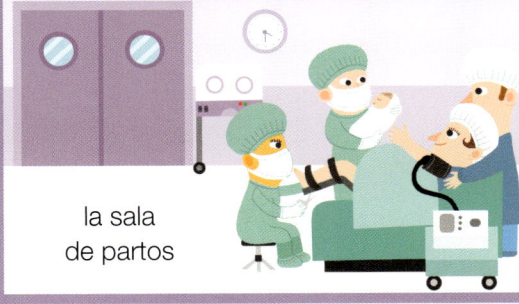
la sala de partos

**las habitaciones**

la maternidad

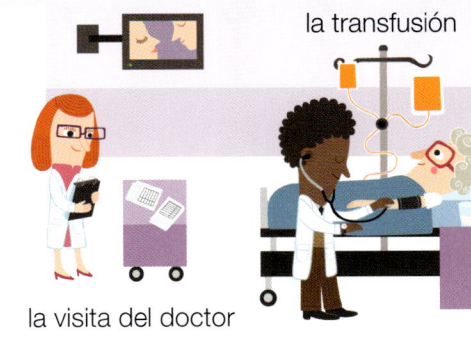
la transfusión
la visita del doctor

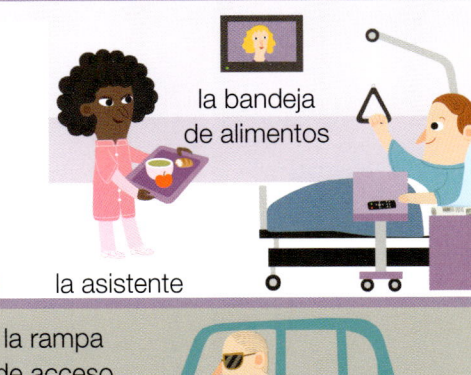
la bandeja de alimentos
la asistente
la rampa de acceso

# ¿Por qué da miedo ir al hospital?

Ir al hospital causa inquietud porque es un lugar grande, que no se conoce y porque tememos que nos lastimen...

Sin embargo, los asistentes, las enfermeras y los doctores son muy amables y atentos. Y, casi siempre, las visitas son cortas.

Tus familiares pueden visitarte. Y, para que no te aburras, puedes llevar un muñeco de peluche y tus juguetes preferidos.

Un nuevo bebé **20**

# 🦽 Las discapacidades motrices

A las personas con una discapacidad motriz les cuesta trabajo desplazarse o mover partes de su cuerpo.

la rehabilitación en piscina
la terapeuta motriz

la espaldera
la silla motorizada
ejercitar para estar de pie
tener las extremidades paralizadas
el plato de equilibrio

sufrir de una malformación que causa cojera
el centro de rehabilitación
la rampa de acceso
el carrito eléctrico

# ¿Cómo ocurren las discapacidades?

A veces tenemos discapacidades de nacimiento. Una persona puede, por ejemplo, nacer sin un miembro.

Se puede sufrir una discapacidad tras un accidente. A veces es algo temporal, pero en ocasiones puede durar toda la vida.

Ciertas discapacidades pueden deberse a una enfermedad. Las miopatías, por ejemplo, destruyen poco a poco los músculos.

Las discapacidades sensoriales 76
Las discapacidades mentales y físicas 78

# Las discapacidades sensoriales

Las personas con debilidad visual o invidentes, con problemas de audición o sordas, sufren una discapacidad sensorial

la sordera

no escuchar

comunicar con lenguaje de signos

la persona que oye

el intérprete

la persona sorda

comunicarse con un intérprete

aprender con un logopeda

oír con auxiliar auditivo

oír con implante coclear

la ceguera

el alfabeto braille

el libro en braille

a b c d e f g h

no ver

el audiolibro

usar el tacto para reconocer un rostro

el bastón blanco

el perro lazarillo

## ¿Los niños con discapacidad van a la escuela?

Con discapacidad o no, todos los niños tienen el derecho de ir a la escuela para aprender. ¡Es la ley y así debe ser!

Para facilitarle las cosas, el niño con discapacidad es ayudado a veces por un auxiliar.

Otros niños son inscritos en escuelas especializadas, como este instituto para personas invidentes o con debilidad visual.

Los ojos para ver **36**
Los oídos para escuchar **38**

# Las discapacidades mentales y físicas

Desde el nacimiento o después de una enfermedad, se puede sufrir una discapacidad que impida comprender bien o comunicarse.

aprender a su propio ritmo

el auxiliar escolar

los amigos

el niño trisómico

estar orgulloso de sus logros

# ¿Las discapacidades se curan?

Lunes 14 septiembre

dificultad para concentrarse

animar a un niño triste

el especialista pedagógico

el niño autista

dificultad para comunicarse

Con el tiempo, esta señora accidentada recuperará el uso de su pierna. Su discapacidad no es definitiva.

Este niño sufre una discapacidad mental desde que era bebé. La tendrá toda su vida.

Aunque su discapacidad no tiene cura, hay personas que lo ayudarán. ¡Aprenderá poco a poco!

Con los otros 14
Pensar y actuar 30

# Vamos a ver...

¿Qué le ocurre a estos niños?
¿Alguna vez has sufrido pequeñas lesiones? ¿Quién te consoló?

Hay cinco diferencias entre estas dos imágenes. ¿Puedes encontrarlas?

Uno de estos personajes no escucha bien.
¿Quién de ellos crees que sea? ¿Cómo lo adivinaste?

Existen muchos oficios relacionados
con el cuerpo y la salud.
¿Los conoces?
¿Qué trabajo te gustaría hacer en el futuro?

# 🧒 Las partes del cuerpo

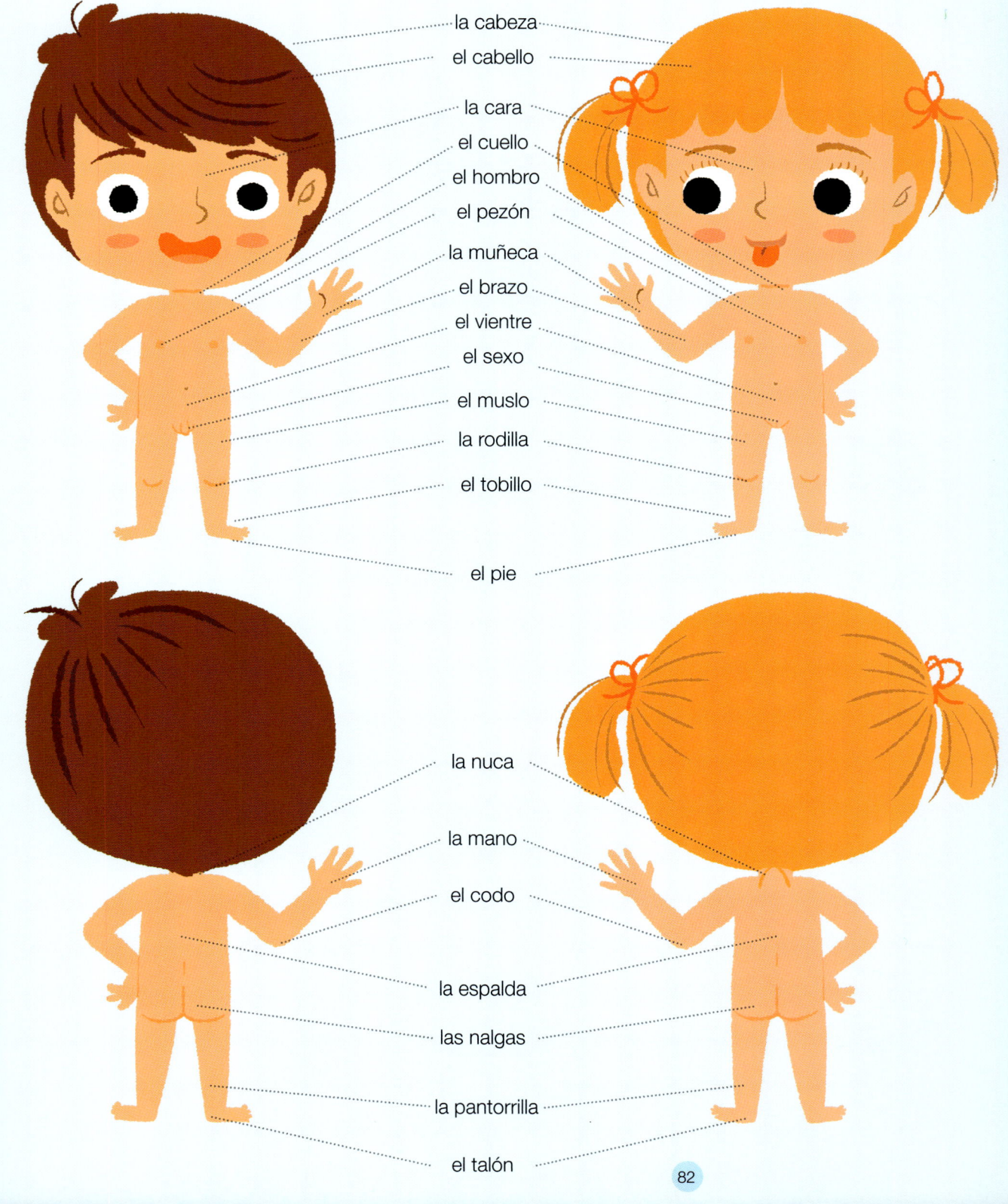

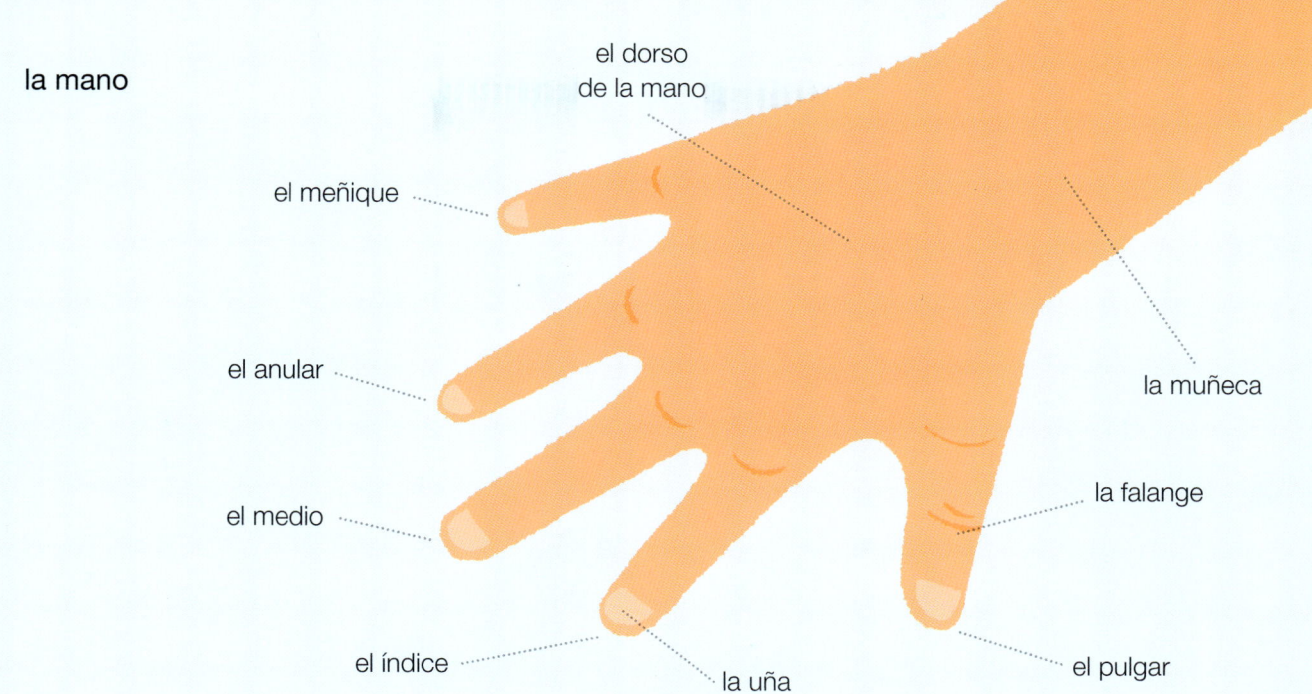

# Los músculos

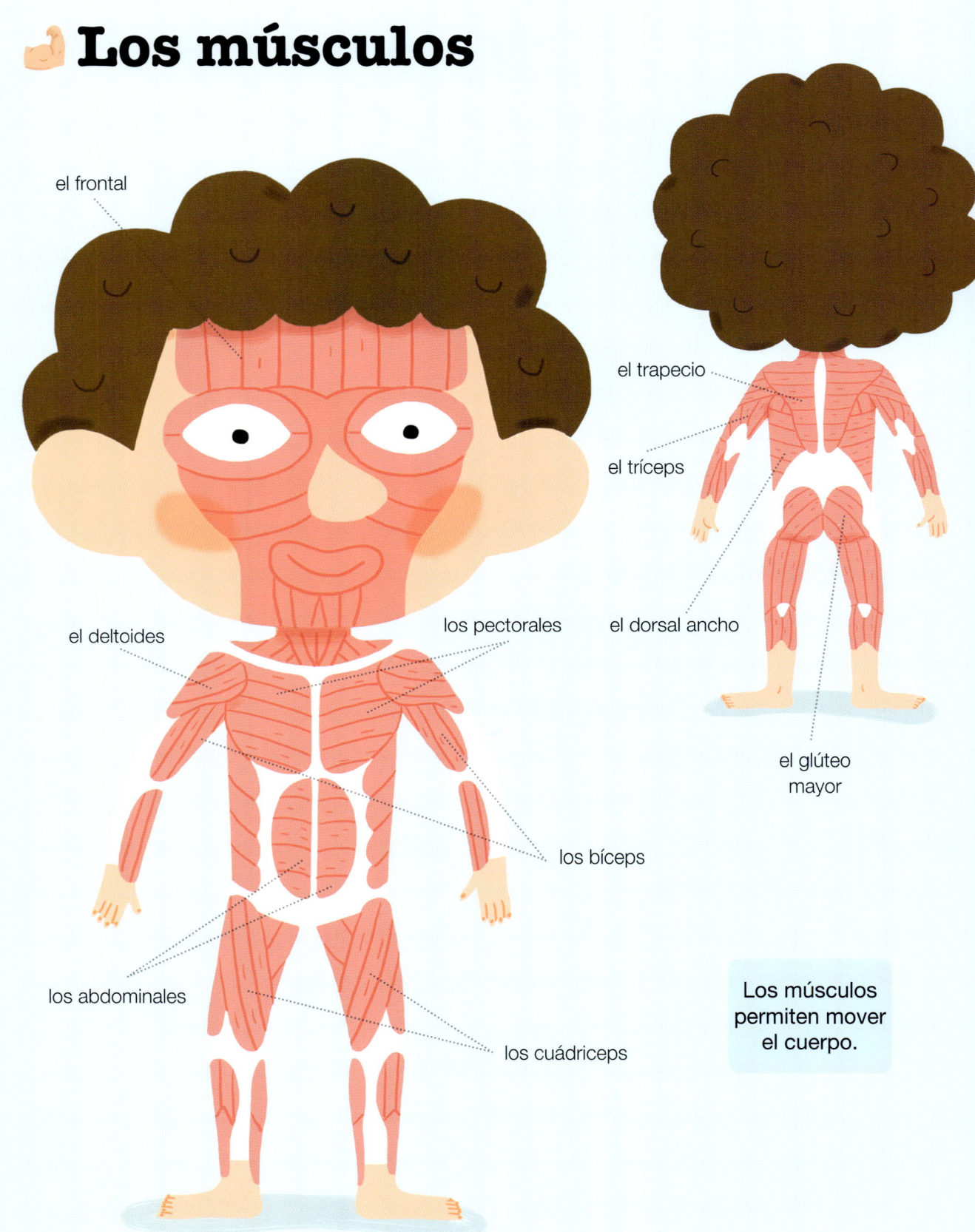

el frontal
el trapecio
el tríceps
el deltoides
los pectorales
el dorsal ancho
el glúteo mayor
los bíceps
los abdominales
los cuádriceps

Los músculos permiten mover el cuerpo.

# El esqueleto

El esqueleto se compone de numerosos huesos.

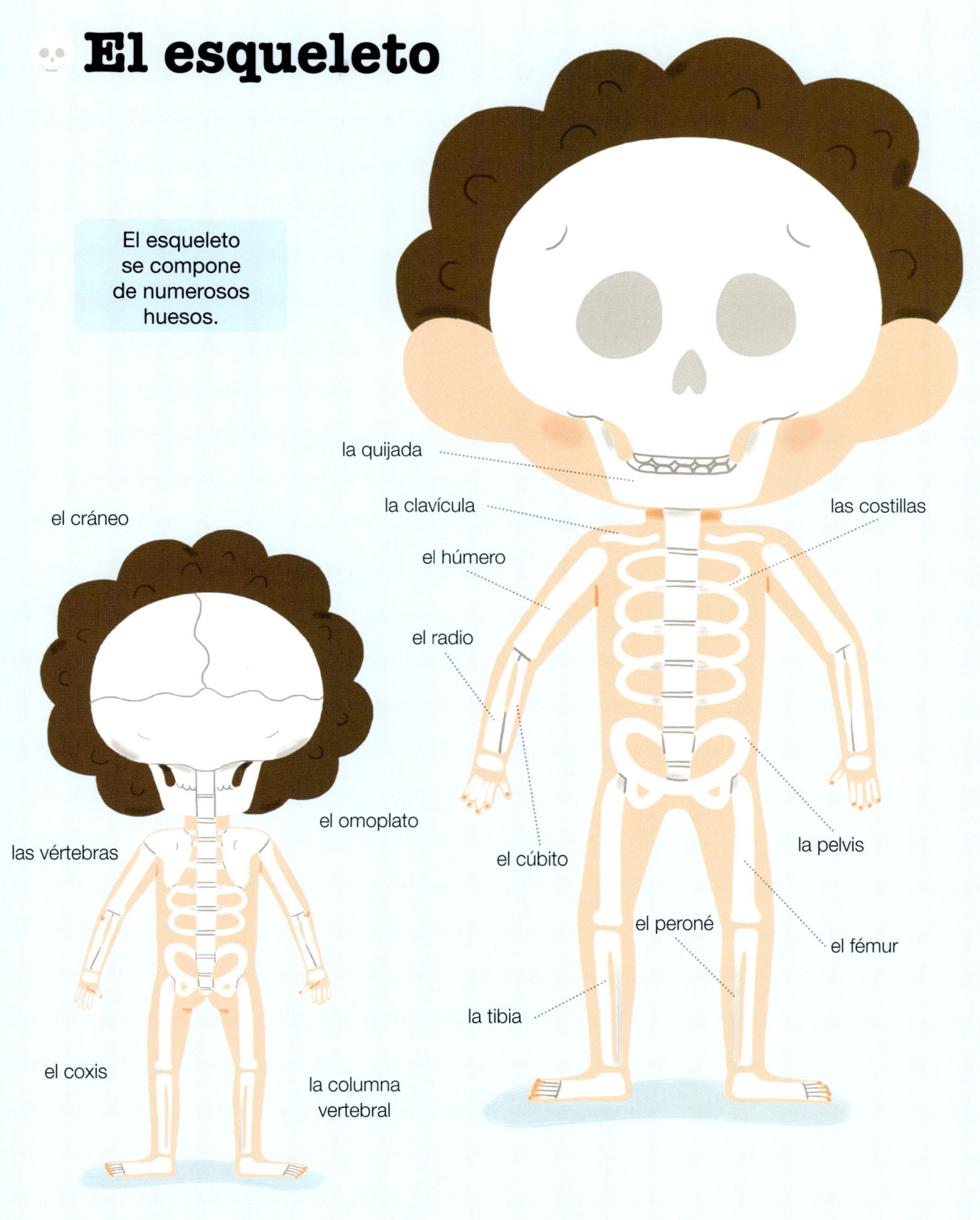

- el cráneo
- las vértebras
- el coxis
- la quijada
- la clavícula
- el húmero
- el radio
- el omoplato
- el cúbito
- la columna vertebral
- las costillas
- la pelvis
- el fémur
- el peroné
- la tibia

# Los órganos

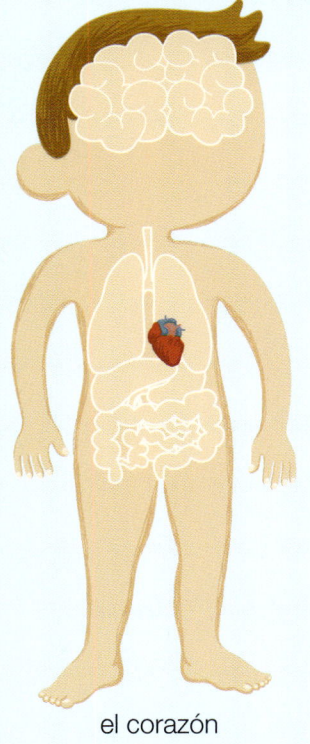
el corazón

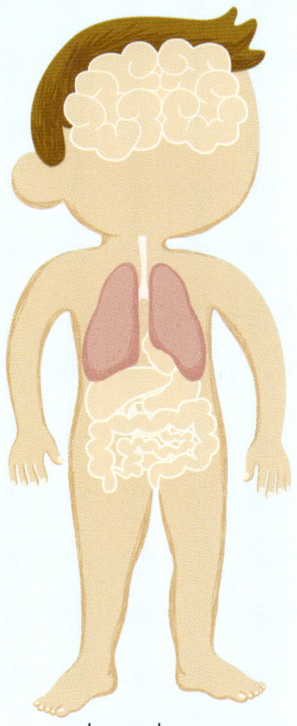
los pulmones

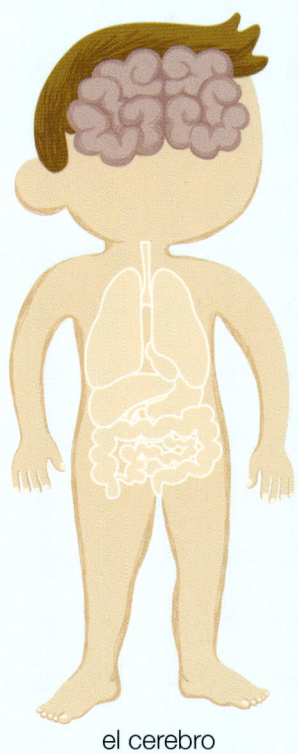
el cerebro

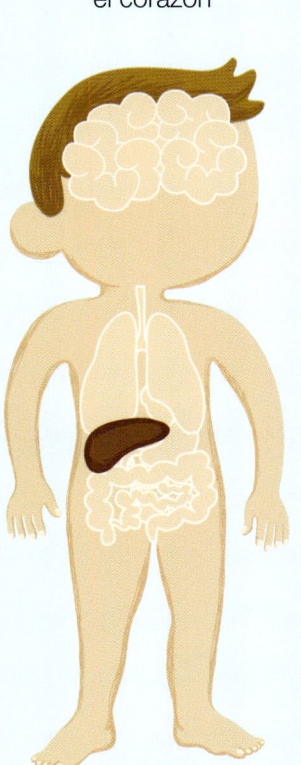
el hígado

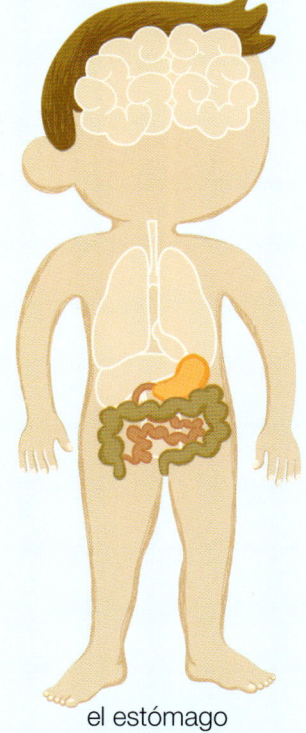
el estómago
y los intestinos

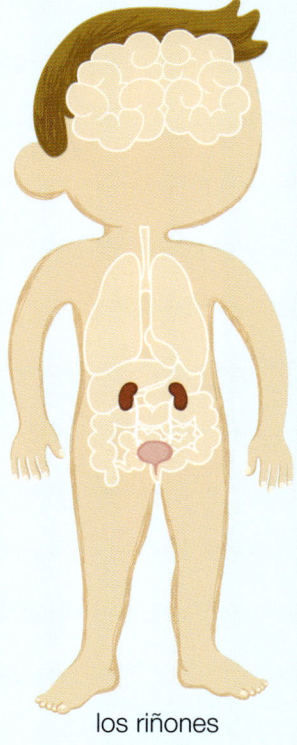
los riñones
y la vejiga

# El sistema circulatorio

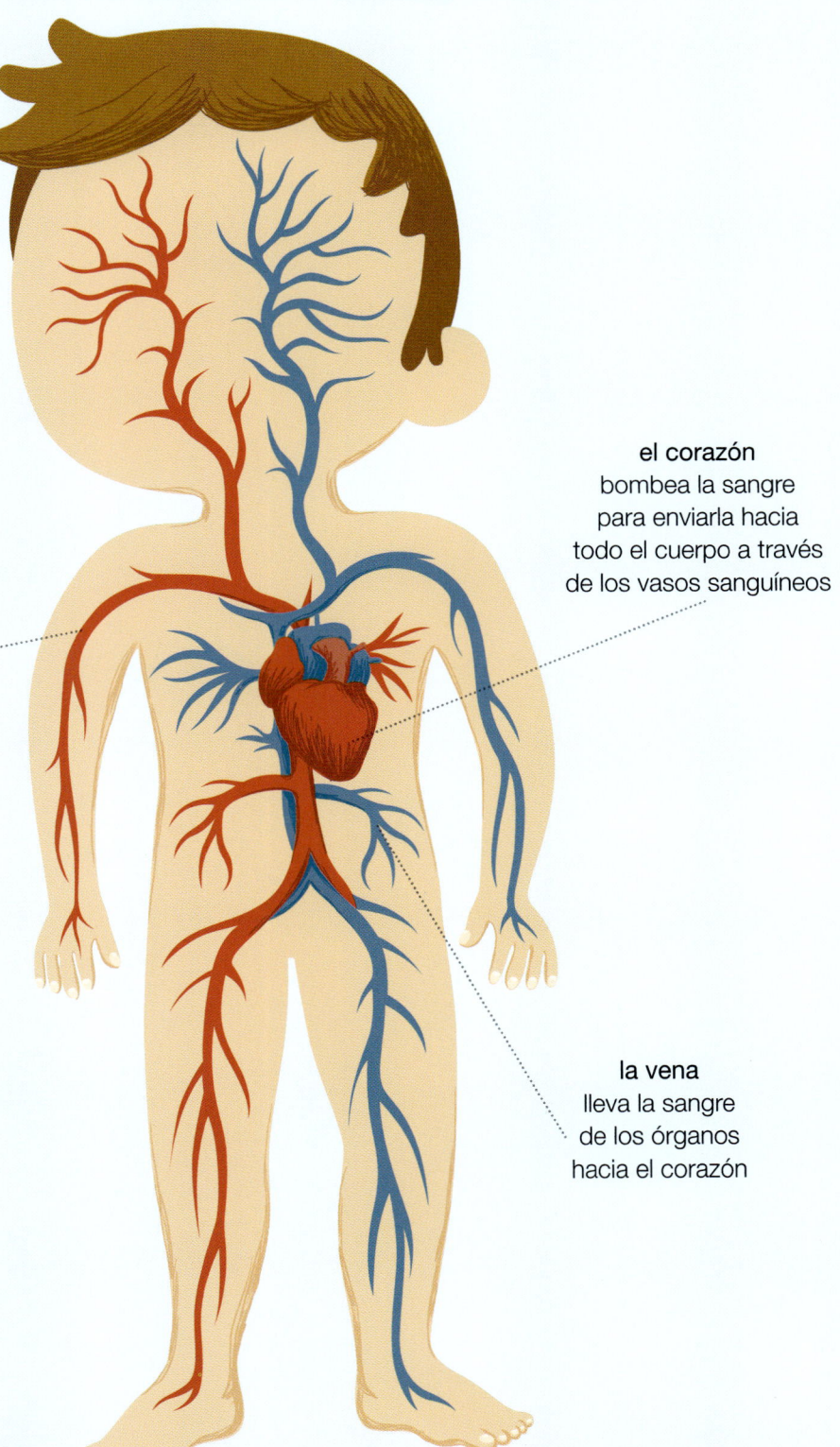

**el corazón**
bombea la sangre para enviarla hacia todo el cuerpo a través de los vasos sanguíneos

**la arteria**
conduce la sangre del corazón hacia las otras partes del cuerpo

**la vena**
lleva la sangre de los órganos hacia el corazón

# Proteger nuestro cuerpo

protegerse del sol

usar ropa abrigadora cuando hace frío

tener una buena higiene

comer correctamente

dormir lo suficiente

no correr riesgos inútiles

# Nadie tiene el derecho...

de empujarte

de tocarte si tú no quieres

de acariciarte si tú no quieres

de molestarte si quieres estar tranquilo

de gritarte todo el tiempo

de pegarte

# Ab Índice

## A

abdominales  84
accidente  72, 75, 79
ácido  45
actividad física  54
actuar  30
adolescente  22
adulto  11, 22
agacharse  12
agarrar  74
agitarse  29
agradecer  14
agua  27, 56, 57
aire  24, 25
alegre  14
alergia  57
alfabeto braille  77
algodón  65
aliento  25, 54
alimentación  71
alimentarse  56
alimentos  26, 27 43, 44, 45, 56, 57, 58, 67
almohada  28
alveolos  24, 25
amar  45
ambulancia  73
amigos  78
amiláceos  13
amistad  15
amor  15
ampolla  64
andadera  74
anestesista  73
angina  68
animar  14, 79
anteojos  37
anteojos de medición  37
anular  83
aprender  31, 78
apuntar  54
arañazo  64
armazón (de anteojos)  37

arroz  13, 57
arteria  87
asistente  59, 73
atender  64, 65, 71, 79
atento  14
audiolibro  77
auscultar a un paciente  71
autista  79
auxiliar  77, 78
auxiliar auditivo  76
ayudar  14

## B

bacteria  68, 69
bailar  13
bandeja de alimentos  73
baño  50, 51, 53
barba  9, 11
báscula  70
báscula para bebés  70
bastón  74
bastón blanco  77
bebé  9, 11, 20, 21, 22, 52, 72
beber  27, 56, 69
bebida  27, 56
besar  15
bíceps  84
bigote  9
blanco de los ojos  36
boca  24, 26, 83
bostezar  29
bote de basura  50
botiquín de primeros auxilios  65
brackets o frenos  58
braille  77
brazo  10, 82
bronquitis  68
burlarse  15
buscar  12

## C

cabello  8, 17, 50, 51, 82
cabezazo  64
caderas  11
caer  13
calambre  67
calentar los músculos  54
caliente  40
calma  14
calmarse  25
cama  28, 29
camilla  73
caminadora  74
caminar  12, 74
canino  58
cansado  29
cansancio  68
cara  77, 82
caracol (del oído)  38
caramelos  57
caricia  28, 65, 89
caries  59
carne  45, 57
carnet de salud  70
carrito eléctrico  75
castaño  8
cavidad bucal  24, 44
cavidad nasal  24, 42, 43, 44
ceguera  77
ceja  36, 83
cena  56
cepillarse los dientes  50, 59
cepillo de dientes  50
cepillo de uñas  50, 53
cereales  13, 45
cerebro  29, 30, 31, 38, 41, 42, 44, 67, 86
cerrar  13, 28
cesto de la ropa sucia  51
champú  50
chocolates  57
cicatriz  9
ciego  76, 77

cilios olfatorios  42
circulación de la sangre  67
cirujano  73
cita  70
clavícula  85
codo  82
cojear  75
collarín  74
color de la piel  8
columna vertebral  85
comer  13, 26, 56, 57, 59, 66, 67, 88
comida  56
compartir  14
complexión  8
compresa  65
comunicar  76, 78, 79
concentración  79
concepción  20
conducto auditivo  38
consolar  65
construir  12
contagiar  68, 69
contener la respiración  25
contractura  67
corazón  23, 55, 86, 87
cordón umbilical  21
correr  12
corset  74
cortadura  64
costilla  85
coxis  85
cráneo  85
crecer  22, 29, 56
crecimiento  71
cuádriceps  84
cuatrillizos  21
cúbito  85
cubrebocas  59
cuello  10, 82
cuento para antes de dormir  28
curita  65

## D

débil visual 76
dedo 40, 53
delgado 8
deltoides 84
dentista 59
deporte 54, 55
dermatólogo 71
dermis 41
desayunar 56
desayuno 56
descansar 29, 54
desechos del cuerpo 26, 27
deslizarse 12
desplazarse 74
destruir 12
diarrea 68
dibujar 13
diente 26, 58, 59, 83
diente de leche 58
digerir 26, 58, 67
digestión 13
discapacidad 74, 75, 76, 77, 78, 79
discapacidad física 78
discapacidad mental 78, 79
discapacidad motriz 74
discapacidad sensorial 76
discutir 14
doctor 70, 71, 72, 73
dolor 30, 65, 66,68
dolor de garganta 68
dolor en el cuerpo 68
dormir 25, 28, 29, 31, 88
dorsal ancho 84
dorso de la mano 83
dulce 45
duro 40

## E

ecografía 20
edredón 28
ejercicio 54, 55
elegir 30
emoción 14, 30
empalagoso 45
empujar 12, 89
enamorado 15
encía 58
energía 13, 26, 29
enfadarse 15
enfermedad 51, 53, 67, 68, 71, 74, 75, 78
enfermera 73
enjuagar 53
enjuague bucal 59
enojarse 14
ensortijado 8
ensuciarse 50
entrar 12
entrenamiento 55
entrenarse 54
envejecer 22
egoísta 14
equilibrio 31, 54, 75
equipo 55
ergoterapeuta 74
eructar 66
escarlatina 68
esconderse 12
escuchar 23, 38 76
escuela 77
escuela especializada 79
escupidera 59
esmalte dental 59
esófago 26
espalda 10, 82
espaldera 75
esparadrapo 65
especialista 20, 71
especialista pedagógico 79
espejo 50, 59
esperar un bebé 11, 20
espermatozoide 21
espina 64
espirar 25
esqueleto 85
estar molesto 15
estatura 8, 9
estetoscopio 71
estómago 26, 67, 86
estornudar 52, 66, 68, 69
estrabismo 37
experimentar 30

## F

falange 83
felicitar 15
fémur 85
feto 20
fiebre 68, 69
flaco 8
flatulencia 67
flexibilidad 55
flotar 55
fosas nasales 42
frente 83
fresco 45
frito 57
frío 40, 88
frontal 84
frutas 45, 57
fuerza 13

## G

gabinete de medicinas 70
gafas de sol 36
galletas 57
ganar 55
garganta 43, 68
gas 67
gas carbónico 25
gasa desinfectante 65
gastroenteritis 67, 68
gel de baño 51
gemelos 21
glóbulo blanco 69
glúteo mayor 84
grande 8
grano 68
grifo 50
gripe 68
gritar 89
guante 59, 65
gusto 43, 45

## H

habitación 73
hablar 30, 31
hacer el amor 20
helados 57
herida 64, 65, 75
hermana 9
hermano 9
hidratarse 54
hígado 26, 86
higiene 88
hipo 66
hipodermis 41
hisopo 50
hombre 11
hombro 82
hormigueo 67
hospital 72, 73
huesecillos 38
hueso 74, 85
huevos 57
húmero 85

## I

imaginar 31
impaciente 15
implante coclear 76
incisivo 58
incubadora 21
índice 83
infectarse 65
insípido 45
inspirar 25
internista 73

intérprete 76
intestino delgado 26
intestino grueso 26
intestinos 26, 67, 86
ir al baño 27, 52
iris 36

## J

jabón 50, 53
jabón antiséptico 65
jalar 12
jeringa 70
juego 9, 29, 36, 37, 71, 90
jugar 52, 54, 55
juguete 71, 73

## K

kinesioterapeuta 74
kiwi 57

## L

labio 41, 58, 83
lacio 8
lámpara 28, 59
lámpara nocturna 28
lanzar 13
lavabo 50
lavarse 50, 51, 52, 53
lavarse las manos 52, 53, 69
lazarillo 77
leche 57
legumbres 45, 47
lengua 41, 44, 58, 83
lenguaje de signos 76
lente (de anteojos) 37
limpio 50
liso 40
llenar 12
llevar 13
llorar 14, 65
lóbulo 38
logopeda 76
lunar 9

## M

malformación 75
mandíbula 59, 85
mano 10, 52, 53, 82, 83
manzana de Adán 11
máquina de alimentos 72
marca de nacimiento 9
marisco 57
masaje 74
masticar 26, 58
maternidad 21, 73
mediano 8
médico 71
mejilla 83
memoria 29, 31
mentón 83
meñique 83
mesa de exploración 70
microbio 51, 53, 65, 69
miedo 55
miembro 75
miopatía 75
miopía 37
mojado 40
molar 58
molestar 89
monitor 21
moretón 64
morir 23
moverse 12, 13, 31, 54 55, 74, 84
muerte 23
muestra de sangre 70
mujer 11
muñecas 53, 82, 83
músculo 29, 41, 54, 55, 75, 84
muslo 82

## N

nacimiento 9, 20, 71, 75, 78
nalgas 10, 82
nariz 24, 42, 43, 68, 83
nariz congestionada 43, 68
náusea 20, 67

negatoscopio 71
nervio 38, 41 42
niña 10
niño 10, 22, 29, 58, 71
noche 28, 29, 31
nuca 82

## O

obstetra 21
oculista 37
oficina de admisión 72
oftalmólogo 37, 71
oído 38, 39, 68, 83
ojo 37, 64, 83
oler 42
olor 42, 43, 66
omoplato 85
operación 37, 73
orejas 9, 83
órgano 86, 87
orgulloso 15, 55, 78
orina 27
oscuro 8
otitis 68
otoscopio 71
óvulo 21
oxígeno 24, 25, 55

## P

pabellón 38
paciente 37, 59, 71, 72
padres 9
paladar 58
palma de las manos 41
pan 13, 57
pantorrilla 82
pantuflas 28
pañuelo 50, 69
papas fritas 57
papilas 44
parálisis 74, 75
parecido 9
partera 21
particularidad 8, 9

parto 20, 21
pasta dental 50
pastas 13, 57
pecas 9
pectorales 84
pediatra 70, 71
pegar 89
peinarse 50
peine 50
pelirrojo 8
peluche 28, 73
pelvis 85
pensar 30, 31, 54
pequeña lesión 64, 65
pequeño 8
perfume 42
peroné 85
persona mayor 23
pesadilla 29
pescado 45, 57
pestaña 36, 83
pezón 41, 82
picante 43, 45
pie 10, 82
piel 8, 40, 41, 69, 71
piel de gallina 41
pierna 10, 54, 74, 79
piyama 28
pinzas 65
pipí 20, 27
piscina 75
placa dental 59
planta de los pies 41
plato de equilibrio 75
pomada 65
pómulo 83
poner atención 15
preparación para el parto 20
prestar 14
probar 44, 45, 56
problemas de audición 76
productos lácteos 57
prótesis 74
pulgar 83
pulmón 24, 25, 86
punzada 66

punzante 40
pupila 36

## Q

quemadura 64

## R

radio (hueso) 85
radiografía 59, 72
rampa de acceso 73, 75
raspón 64
receptor 40, 41
receta 71
recepción 72
reconocer 30
refresco 57
rehabilitación 74, 75
regadera 51 reñir 14
resfriado 25, 43, 68
respiración 25, 27
respirar 24, 25, 31, 68
revista 71
riesgo 88
riñón 27, 86
rizado 8
robusto 8
rodilla 82
ropa 50
rubio 8
ruido 39, 66

## S

sabor 43, 45
sala de espera 72
sala de operaciones 73
sala de partos 73
salado 45
salir 12
saliva 69
saltar 13
saltar en un pie 12
salud 57
saludar 15

sanar 65, 70
sangrado de nariz 64
sangre 13, 23, 25, 55, 67, 69, 87
secadora de cabello 50
secar 53
secarse 51
secretaria 70
senos 11
sentarse 13
señor mayor 23
sexo 10, 41 82
sien 83
silla motorizada 75
silla de ruedas 74
sillón de dentista 59
sin aliento 25
sistema circulatorio 87
sol 88
soltar 13
sonido 31, 38, 39
sonido agudo 39
sonido grave 39
sonrisa 58
soñar 29
sordera 76
sordo 39, 76
sorpresa 14
suave 40
suciedad 51
sueño 29, 31
suero fisiológico 65

## T

tabla de medición 70
tabla ocular 37
talón 82
tapete de baño 51
temperatura 69
tensiómetro 71
terapeuta motriz 75
tibia 85
tienda 72
tijeras 65
tímido 15

tímpano 38
tina 50
tirar 13
toalla 51
toallero 51
tobillo 82
tocar 40, 52, 77, 89
tos 68
toser 68, 69
tragar 26
transformar 26
transfusión 73
transpiración 27
transpirar 50
trapecio 84
tráquea 24
trepar 12
tríceps 84
trillizos 21
trisómico 78
triste 14, 15, 79

## U

uña 53, 83
urgencias 73
úvula 58

## V

vaciar 12
vacuna 70
vacunar 71
varicela 68
vaso de agua 28
vaso sanguíneo 87
vejiga 27, 86
vello de la nariz 69
vena 87
venda 65
ver 31, 36, 37
vergüenza 15
vértebras 85
vestirse 88
vibrar 38
vientre 10, 21, 68, 82

virus 53, 68, 69
visita del doctor 73
vivir juntos 14, 15
vivo 23
vomitar 67, 68

## Y

yeso 73